Hijos del pasado, padres del porvenir

Diseño de tapa:
LUCAS FRONTERA SCHÄLLIBAUM

EDUARDO PRESS

Hijos del pasado, padres del porvenir

Familias y empresas.
Psicología de las empresas familiares

ARGENTINA - ESPAÑA - MÉXICO - CHILE - URUGUAY

© 2018 *by* Ediciones Granica S.A.

ARGENTINA
Ediciones Granica S.A.
Lavalle 1634 3° G / C1048AAN Buenos Aires, Argentina
granica.ar@granicaeditor.com
atencionaempresas@granicaeditor.com
Tel.: +54 (11) 4374-1456 Fax: +54 (11) 4373-0669

MÉXICO
Ediciones Granica México S.A. de C.V.
Calle Industria N° 82
Colonia Nextengo - Delegación Azcapotzalco
Ciudad de México - C.P. 02070 México
granica.mx@granicaeditor.com
Tel.: +52 (55) 5360-1010. Fax: +52 (55) 5360-1100

URUGUAY
granica.uy@granicaeditor.com
Tel: +59 (82) 413-6195 Fax: +59 (82) 413-3042

CHILE
granica.cl@granicaeditor.com
Tel.: +56 2 8107455

ESPAÑA
granica.es@granicaeditor.com
Tel.: +34 (93) 635 4120

www.granicaeditor.com

ISBN 978-950-641-963-9

Hecho el depósito que marca la ley 11.723

Impreso en Argentina. *Printed in Argentina*

Press, Eduardo
   Hijos del pasado, padres del porvenir / Eduardo Press. -
1a. ed. - Ciudad Autónoma de Buenos Aires : Granica,
2018.
   192 p. ; 22 x 15 cm.

   ISBN 978-950-641-963-9

   1. Administración de Empresas. I. Título.
   CDD 658

Índice

Agradecimientos

A las familias que me confiaron sus problemas, que solicitaron ayuda, que me enseñaron el valor que se necesita para seguir luchando por un proyecto y que se atrevieron a decirse "solos no podemos".

A los alumnos que confiaron en que podían aprender algo de lo que fui recogiendo en mi experiencia de años de transitar empresas familiares.

A mis colegas amigos, Lic. Andrea Enjuto, de la ciudad de Rosario; Lic. Silvia Batista, de la ciudad de Bahía Blanca, y Lic. Juan Carlos Valda, de la Ciudad de Buenos Aires. Todos ellos fueron muy generosos al compartir algunos de los textos de este libro y al haberme aportado significativas ideas.

A la Lic. Sindy Geisert, de la ciudad de Posadas, que me convocó a lo largo de casi dos años a participar con una columna mensual, para conversar sobre empresas familiares en su programa "Mejora continua", emitido en esa ciudad.

Al Lic. Ariel Correa, director de la consultora Focus de la ciudad de Rosario, que me convocó en varias oportunidades para participar de actividades en el interior del país.

A los periodistas de medios gráficos y radiales que me consultaron por notas, por entrevistas y por la publicación de mis artículos, quienes ayudaron a difundir la importancia de las empresas familiares y del factor humano en las organizaciones.

A mis amigos de la vida (entre los cuales incluyo a mi hermano), siempre presentes y de quienes recibo aliento permanente.

A mi nieta, que, aunque ella no lo sepa, significa para mí una inyección de vitalidad y energía, combustibles necesarios para cualquier proyecto.

A mis hijos, que, como siempre, me respaldan (y me critican) y quienes con su entusiasmo y su amor me empujan siempre hacia adelante.

A mi mujer, por todo lo que significa en mi vida.

Aclaración: en el libro podrán ver que en general me dirijo a un interlocutor, en algunos momentos me dirijo a los lectores o a un lector. Así fue saliendo y me pareció oportuno dejarlo de esta forma. Quiero que sepa que en todo momento me estoy dirigiendo a *usted*.

Palabras iniciales

➤ **¿Por qué "Hijos del pasado, padres del porvenir"?**

Tomé esta expresión de una frase de Miguel de Unamuno. La frase completa es "Procuremos más ser padres de nuestro porvenir que hijos de nuestro pasado". He leído diferentes interpretaciones, aunque cuando hace tiempo vi la frase por primera vez, la asocié inmediatamente con las familias y con las empresas de familia en particular. Me pareció una buena síntesis.

Una empresa de familia es un organismo vivo, con su propia dinámica, que viene de algún lado y va hacia algún otro; hay en ella una historia vivida que determina mucho, pero también hay una historia que tiene que ser vivida, páginas en blanco sobre las que no hay nada escrito, y es responsabilidad de las nuevas generaciones hacerlo, respetando el pasado pero adueñándose del futuro. Lo interesante es que, a diferencia de lo que sucede en el orden biológico, convierte en hijos a los dueños del pasado (las primeras generaciones) y en padres a los dueños del futuro (las nuevas generaciones). Por eso, "Hijos del pasado, padres del porvenir".

➤ **Cuando usted dice que la empresa de familia es un organismo vivo, recuerdo lo que ha expresado en obras anteriores. ¿Podría refrescarnos un poco el tema para los nuevos lectores?**

Considero a las familias y a las empresas como organizaciones (sistemas) sociales humanos complejos. Más adelante, los lectores encontrarán fundamentos y nuevas visiones sobre esta definición.

El pensamiento sistémico me ayuda a comprender el funcionamiento de estas organizaciones y a interactuar con ellos en forma adecuada, en mi función de consultor. El pensamiento sistémico es un modelo de pensamiento que tengo incorporado diría que casi desde siempre, desde antes de saber que existía una teoría al respecto. Recuerdo que desde pequeño me dedicaba a observar los procesos y los contextos en los que estos se desarrollaban.

Nací en el seno de una típica familia de clase media, mis padres eran profesionales, mi hermano y yo sabíamos que lo que teníamos que hacer era estudiar y jugar. Podría decir, una "familia normal".

Mi madre era una mujer tímida, acostumbrada a ocultar los problemas tanto en su familia de origen como en su familia política (había varios hermanos, cuñadas y cuñados). No sé bien por qué sentía curiosidad por esas cuestiones ocultas (cosa que no le sucedía a mi hermano), trataba de darme cuenta por mis propios medios de qué era lo que pasaba, porque mis preguntas eran respondidas con evasivas.

Para poder hacerlo, estaba muy atento a las conversaciones, a los climas en las reuniones, a los cruces de miradas, a los pequeños gestos.

Sin saberlo, estaba desarrollando mecanismos de observación de secuencias, detectaba patrones y asociaba fenómenos aparentemente aislados. El tiempo fue demostrando los aciertos de esas observaciones, aciertos que, por supuesto, nunca le interesaron a nadie. Pero cuando, allá por los años setenta, leí las primeras notas sobre la teoría sistémica y sobre su aplicación en temas sociales, así como sobre su influencia en el desarrollo de la terapia familiar, descubrí que en aquellos tiempos de infancia, sin saberlo, pensaba sistémicamente.

> ➤ **¿Qué nos quiere decir cuando dice que el pensamiento sistémico es un "modelo para pensar"?**

Tomo ese concepto del maestro Carlos Sluzki[1]. Habla de "modelo" porque dice que no hay nada en una familia que constituya un sistema, que el pensamiento sistémico es una de las maneras de mirar, un enfoque, y que esa manera de mirar permite armar un cuerpo de ideas que explica ciertos aspectos del funcionamiento de una familia. Esto, a su vez, nos permite intervenir con instrumentos y herramientas que se ha demostrado resultan eficaces y generan mejoras en las familias; en este caso, las familias empresarias.

Me voy a extender un poco para que les resulte más claro a los lectores. Entiendo a la empresa de familia como un sistema social humano complejo. Sistema, por estar formada por elementos que interactúan permanentemente entre sí, influenciándose recíprocamente todo el tiempo. Estas interacciones son las que los mantienen unidos, y su ingrediente es la comunicación. Social, porque sus elementos son seres vivos. Humano, porque los seres vivos son personas, lo que no es un tema menor, ya que, a veces, cuando se habla de la familia como sistema, olvidamos que "las partes" de ese sistema son seres humanos con sus propias cualidades, seres de carne y hueso, con nombre y apellido, con sus emociones, con sus deseos, con sus expectativas y sus creencias, que, finalmente, son lo que determina su conducta. Complejo, por la cantidad de variantes que ofrecen las interacciones recíprocas. Un nuevo integrante de la familia aumenta geométricamente la cantidad de interacciones, pero no solo la cantidad, sino también la calidad de las modalidades de interacción.

El biólogo chileno Humberto Maturana[2] nos ayuda a comprender esta idea:

---

1 Sluzki, C., 1985.
2 Maturana, H., 1996.

> *Es constitutivo de un sistema social que sus componentes sean seres vivos. Cada sistema social particular se distingue por las características de las interacciones que realizan sus componentes.*

Para Maturana,

> *el sistema lo forman todos y cada uno de sus miembros, no hay componentes superfluos. Así sostenemos que todo sistema considerado como sistema vivo sufre si alguien en ese sistema es considerado superfluo.*

Para este autor, toda sociedad es conservadora de su organización, en el sentido de que la función de un ser vivo es conservar la vida; por eso los sistemas vivientes son conservadores, porque la finalidad es conservar la vida de sus miembros. Volveré sobre este punto en el capítulo focalizado en los cambios.

El historiador israelí Yuval Harari[3] explica la complejidad de los sistemas sociales cuando escribe:

> *La cantidad de información que se debe obtener y almacenar con el fin de seguir las relaciones siempre cambiantes de unas pocas decenas de individuos es apabullante. (En una cuadrilla de 50 individuos, hay 1.225 relaciones de uno a uno, e incontables combinaciones sociales complejas más.)*

Aplicar de modo lineal la idea de sistema puede llevar a errores conceptuales, porque es fácil caer en ideas mecanicistas, lo que implica el riesgo de confundir el funcionamiento de un sistema social complejo con el de una máquina, que también puede ser pensada como un sistema. El autor estadounidense de origen libanés Nassim Taleb[4] comenta al respecto:

> *Los aparatos mecánicos o electrónicos con respuestas simples pueden ser complicados o elaborados, pero no son "complejos" porque no presentan interdependencias. Pulsamos un botón o un interruptor*

---

3 Harari, Y., 2015.
4 Taleb, N., 2013.

y obtenemos una respuesta exacta y sin ambigüedad en sus conse-
cuencias, ni siquiera en Rusia. Pero en los sistemas complejos las
interdependencias son muy estrictas.

Según Taleb, la clave de los sistemas complejos –los formados por componentes que interaccionan entre sí– es que
intercambian información en forma permanente.

Pensar sistémicamente nos ofrece la posibilidad de
visualizar fenómenos complejos, procesos integrados con
otros procesos, y así poder entender situaciones que resultarían incomprensibles si no las ligáramos unas con otras.
Nos permite, además, saber que todo tipo de intervención
parcial en una parte del sistema va a influir en la totalidad,
más tarde o más temprano.

➤ **¿No se puede caer en el riesgo de la tan difundida expresión "Todo tiene que ver con todo", de tal forma que se
diluyan las responsabilidades, fundamentalmente en el ámbito de las decisiones en la empresa?**

Sí, tiene razón, y es un riesgo muy grande. Este es un tema
siempre en discusión en el ámbito del pensamiento sistémico. Si me permite, voy a tomar un espacio para referirme a
este asunto.

Por un lado tenemos una herramienta: el pensamiento sistémico. Pero cuando salimos del ámbito abstracto del
pensamiento y entramos en el campo de la intervención en
cualquier organización, apoyados por ese pensamiento, la
responsabilidad pasa a estar del lado del que interviene. La
herramienta no es responsable, responsable es la persona
que la instrumenta. Del mismo modo, uno puede entender
que los fenómenos se dan como consecuencia de una serie de procesos interrelacionados, lo que resulta muy claro
en el campo de la naturaleza pero menos en el campo de
las organizaciones. En estas hay personas relacionadas con
otras personas, que toman decisiones; esas decisiones tienen

efecto en otras personas, que a su vez toman decisiones que influyen en otras personas.

La responsabilidad del consultor es saber (por formación y por experiencia) cómo delimitar el sistema y los subsistemas sobre los cuales se va a intervenir y qué personas son las que van a estar involucradas en esa intervención. Obviamente, el consultor se puede equivocar, pero es su responsabilidad evitar que "todo tenga que ver con todo" y así "nada tenga que ver con nada".

En la literatura sobre las empresas de familia se suele hablar mucho de sistemas y subsistemas, como si fueran "objetos" pasibles de ser descriptos "objetivamente". Pero habitualmente se omite mencionar a las personas que son las "partes" de esos sistemas y subsistemas, y que participan con la totalidad de su ser persona, con su cuerpo, con sus emociones, con su historia, con sus deseos y expectativas, con sus necesidades y con sus intereses. Si las integramos a todas ellas y agregamos las del propio consultor, la "objetividad" en la descripción la formamos en la integración de las "subjetividades".

En este punto es donde vuelve a ser importante la responsabilidad de las personas. En las organizaciones existen relaciones simétricas y complementarias[5]. Las personas que coordinan, que dirigen o que gestionan las actividades de otras personas, aquellas cuyas decisiones inciden en mayor número de otras personas, tienen más responsabilidad.

Algunos de estos temas los iremos conversando a lo largo de la obra.

➢ **¿Por qué el subtítulo "Psicología de las empresas familiares"?**

Psicología, porque es el cuerpo conceptual que toma a las personas como eje central. De las empresas familiares, porque

---

5   Watzlawick, P. y cols., 1976.

en particular me voy a referir a las personas en las empresas de familia.

Hace muchos años escribí mi primer libro, *Psicología de las organizaciones*, en el que expuse muchos temas que no se encuadraban en los esquemas habituales de cómo se miraba a las organizaciones. Las ideas de ese libro fueron desarrolladas a partir de mi formación y, a mi larga experiencia como psicoterapeuta, sumé luego la experiencia de muchos años en organizaciones.

Escribo cuando creo que tengo cosas para decir. No sabría explicar bien cómo surge la idea de hacer un libro, no sabría definirlo con claridad; creo que es un proceso que va tomando forma con el tiempo. Supongo que debe de ser el proceso habitual. Desde el momento en que uno termina un libro hasta que se publica, pasa un tiempo considerable. Una vez que se publica, me parece "viejo" (después se me pasa). En el proceso de escribir, muchas ideas se descartan, algunas pasan al rincón del olvido y otras comienzan a tomar vuelo. Quizás ese sea el comienzo de la gestación de un nuevo libro.

Como dice Taleb,

> *Escribir solo vale la pena si nos ofrece el hormigueo de la aventura, y esta es la razón de que disfrute escribiendo libros...*[6]

En algún momento aparece ese hormigueo y se arranca. En este nuevo libro desarrollo temas diferentes de aquellos de los libros anteriores, porque, aunque algunos hayan sido mencionados, ahora los ofrezco desde otro ángulo, nada se repite.

➤ **¿Cuáles son los temas que trata este libro?, ¿con qué se van a encontrar los lectores?**

En el primer libro –dedicado a las empresas de familia– hablé de temas generales de las familias y de las empresas de familia como sistemas, explicando un punto de vista en

---

6   Taleb, N., *op. cit.*

particular del funcionamiento de esas empresas. En el segundo, tomé tres puntos específicos y característicos de las empresas familiares: las emociones, la profesionalización y el protocolo. En este tercer libro –que completaría una especie de trilogía– hablo de la comunicación, de los cambios, de los liderazgos y de las situaciones conflictivas en las empresas familiares, poniendo el foco en las personas. Finalmente, hay un capítulo referido a ciertos modelos y herramientas que me resultan útiles en mi trabajo como consultor, y otro en el que comento algunos temas que surgen en las conversaciones con colegas.

> **¿Por qué eligió estos temas?**

Creo que son situaciones específicamente ligadas a las personas, son temas en los cuales intervienen menos conceptos "técnicos", como los temas de gestión, los contables y los temas legales (profesionalización, protocolo, sociedades), sobre los que muchos prestigiosos colegas escriben y sobre los que existe abundante y muy buena bibliografía. Si bien siempre, aun en las cuestiones más técnicas, está presente el factor humano, es en estas cuestiones como la comunicación, los cambios, los liderazgos y las situaciones conflictivas donde las personas se involucran con toda su integridad, donde ponen en juego toda su personalidad.

> **¿Quiénes se beneficiarían con la lectura de este libro?**

Uno nunca sabe esas cosas. Muchas veces me he cruzado con gente que leyó alguno de mis libros y me comentaron lo útil que les había resultado en aspectos de sus vidas –personales y profesionales– que no estuvieron contemplados en mis objetivos al escribir.

Cuando escribo, siempre estoy hablándole a alguien, pienso en los miembros de las familias de las empresas; a continuación le hablo a un colega consultor; después a los profesionales que trabajan con empresas familiares y a los que les cuesta tanto hacer su trabajo porque se les dificulta lidiar con estas familias; otras veces recuerdo una conversación o un caso por el que fui consultado, y lo cuento porque pienso que puede ser de ayuda para otros. También le hablo a la gente común, curiosa de la vida, ni empresarios, ni consultores, ni profesionales; simples habitantes del mundo de la curiosidad. En última instancia, más allá de las familias y de las empresas, lo que se desarrolla en el libro son temas humanos y pueden interesarle a cualquier persona.

> ### ¿Por qué un libro?

Pienso que los libros son conversaciones del autor con los lectores, nunca es una obra terminada hasta que no llega a la mano de los lectores; después cada uno lo continúa y así es como el libro se convierte en un ser vivo.

Son, tanto usted como los lectores, los que pueden continuar dándole vida.

Las historietas son propias, su origen data de hace muchos años. Juan es un personaje por medio del cual les dejaba mensajes a mis hijos cuando eran pequeños, y al que también usábamos entre amigos entrañables para anotarnos mensajes en un cuaderno cuando compartíamos consultorio. "Allá lejos y hace tiempo". Vaya, pues, como recuerdo y homenaje a aquellos años.

CAPÍTULO 1

Psicología de la comunicación

> ➤ **¿Con qué temas nuevos de comunicación se encuentra en las empresas familiares?**

Hace tiempo llegó a mis manos un informe con algunos resultados de encuestas realizadas a familias empresarias. Uno de los párrafos dice:

> *El 81% de los directivos de empresas familiares en España, Portugal y Latinoamérica considera que la comunicación es una herramienta que ayuda a transmitir sus valores, pero el 76% no dispone de un protocolo específico para gestionarla con los medios ni con otros grupos de interés, según un estudio elaborado por la Cátedra de Empresa Familiar del Iese y Atrevia que ha sido presentado en Palma.*[7]
>
> *En la presentación del informe ha participado el director del Área de Empresa Familiar de Atrevia, Rafael Guardans, quien ha afirmado que "a algunas empresas familiares les cuesta hacerse idea del impacto beneficioso que puede tener la comunicación intrafamiliar diseñada y gestionada con profesionalidad". Guardans ha hecho notar, asimismo, que la comunicación puede ser clave "no solo para evitar conflictos, sino para fortalecer la familia, pues es mucho lo que está en juego en esa decisión estratégica".*[8]

---

7   Europapress.26/01/2017.http://www.20minutos.es/noticia/2943764/0/81-directivos-empresas-familiares-valora-comunicacion-pero-76-no-dispone-protocolo-especifico/#xtor=AD-15&xts=467263#xtor=AD-15&xts=467263
8   Cátedra de Empresa Familiar del Iese y Atrevia (2017). "El 81% de los directivos de empresas familiares valora la comunicación, pero el 76% no dispone de un protocolo específico". Disponible en: 20minutos.es [26/01/2017].

Básicamente, hay dos grandes temas en las consultas que hacen las familias empresarias: las discusiones muy fuertes e intensas que no permiten sostener una conversación, y lo que refieren como "no tenemos comunicación". Se podrían juntar ambos temas y decir que las peleas suelen ser por motivos no muy trascendentes, porque los temas importantes, tanto para la familia como para la empresa, no se conversan, entre otras cosas "para evitar discusiones". Temas importantes que quedan postergados y sin resolver.

Sobre la comunicación interpersonal, existe abundante y muy buena literatura, por lo que no voy a extenderme en sus aspectos generales. También, en los últimos años, los especialistas en neurociencias confirmaron, desde el funcionamiento del cerebro, hipótesis que habían propuesto los autores clásicos[9] e incluso ampliaron ese conocimiento.

Aun así, a pesar de todos los progresos tecnológicos, de los avances en los instrumentos de la comunicación, de la inmediatez conseguida, de la instantaneidad en la circulación de la información, ni la comunicación ni la comprensión entre las personas han mejorado. A veces soy testigo de cómo el uso (y abuso) de las redes sociales suma conflictividad a las relaciones familiares e interpersonales, aunque de todos modos reconozco los enormes beneficios que se obtienen con las nuevas tecnologías. Como suelo decir, "la culpa no es de la herramienta sino de quién la utiliza y cómo se lo hace".

---

9   Watzlawick, Paul; Morin, Edgar; Maturana, Humberto; Bateson, Gregory; Jackson, Don D.

➤ Usted decía recién que a pesar de los progresos tecnológicos, de lo "cerca" que podemos estar de los otros por la tecnología actual, los problemas en la comunicación entre las personas siguen siendo los mismos. ¿Cuáles serían?

Le cuento –sin creer que se agota el tema en estos ejemplos–: creer que si uno no dice algo no se comunica; estar convencido de que hubo alguien que "empezó", un "culpable" del inicio de una comunicación conflictiva; mezclar lo que se dice con quién lo dice (acepto o no lo que el otro dice, según sea el tipo de relación que mantengo con el interlocutor); incongruencias entre los diferentes ingredientes del lenguaje (decir algo en palabras que contradice lo que se muestra con los gestos y/o la actitud corporal); discutir para tener razón y quedarse con la última palabra; postergar ideas propias por creer que otro "con más autoridad" siempre tiene razón.

En fin, hay infinidad de cuestiones ligadas a problemas en la comunicación, que siguen existiendo aunque cambien los medios con los que nos comunicamos. Descalificaciones, maltratos, rechazos, mentiras, secretos, ya fuera a través de un mensaje escrito que demoraba meses en llegar al destinatario, o mediante el uso de emoticones. Distintos tiempos y distintos medios; los mismos efectos. Vale aclarar que la comunicación no solo genera problemas, sino que es la sustancia por medio de la cual se sostienen las familias y las empresas; gracias a la comunicación las familias conservan su armonía y las empresas funcionan.

El historiador israelí Harari[10] expone una interesante teoría referida a la aparición del lenguaje y la importancia del "chismorreo" en su desarrollo:

> *Todos los simios muestran un fuerte interés por esta información*
> *social, pero tienen dificultades en chismorrear de manera efectiva.*
> *Probablemente, los neandertales y los* homo sapiens *arcaicos tam-*

---

10 Harari, Y., *op. cit.*

bién tenían dificultades para hablar unos a espaldas de los otros, una capacidad muy perniciosa que en realidad es esencial para la cooperación en gran número. Las nuevas capacidades lingüísticas que los sapiens modernos adquirieron hace unos 70.000 años les permitieron chismorrear durante horas. La información fiable acerca de en quién se podía confiar significaba que las cuadrillas pequeñas podían expandirse en cuadrillas mayores, y los sapiens pudieron desarrollar tipos de cooperación más estrecha y refinada.

La teoría del chismorreo puede parecer una broma, pero hay numerosos estudios que la respaldan. Incluso hoy en día la inmensa mayoría de la comunicación humana (ya sea en forma de mensajes de correo electrónico, de llamadas telefónicas o de columnas de periódicos) es chismorreo. Es algo que nos resulta tan natural que parece como si nuestro lenguaje hubiera evolucionado para este único propósito. ¿Acaso cree el lector que los profesores de historia charlan sobre las razones de la Primera Guerra Mundial cuando se reúnen para almorzar, o que los físicos nucleares pasan las pausas para el café de los congresos científicos hablando de los quarks? A veces. Pero, con más frecuencia, hablan de la profesora que pilló a su marido mientras la engañaba, o de la pugna entre el jefe del departamento y el decano, o de los rumores según los cuales un colega utilizó sus fondos de investigación para comprarse un Lexus.

Humberto Maturana, biólogo chileno, dice:

Lo central del fenómeno social humano es que se da en el lenguaje, y lo central del lenguaje es que solo en él se dan la reflexión y la auto-conciencia. El lenguaje en un sentido antropológico es, por lo tanto, el origen de lo humano propiamente tal, a la vez que su caída y liberación. El lenguaje saca la biología humana del ámbito de la pura estructura material, e incluye en ella el ámbito de la estructura conceptual, al hacer posible un mundo de descripciones en el que el ser humano debe conservar su organización y adaptación. Así, el lenguaje da al ser humano su dimensión espiritual en la reflexión, tanto de la autoconciencia como de la conciencia del otro.[11]

Hay otra cuestión interesante que, por ser tan obvia, la pasamos por alto: el respeto hacia el otro. En general –aun-

---

11 Maturana, H., *op. cit.*

que no digo que esto se cumpla como ley– he visto que se trata con mucho más respeto a un extraño que a un familiar cercano, por quien, curiosamente, sentimos un afecto que no sentimos por el ajeno. ¿Por qué pasa esto? La verdad, no lo sé muy bien; lo que veo es que en el seno de las familias se da un proceso que yo llamo "exceso o abuso de confianza"... Algo así como "Ah... en casa puedo hacer o decir lo que quiera...". Como si el pertenecer a la familia nos diera derecho a no respetar a los otros como personas. Como si los vínculos familiares fuesen tan incondicionales que no hiciera falta cuidarlos. Respetar al otro debiera ser una regla de oro. No importa cuán enojado o disgustado uno pueda estar, no se debería faltar el respeto. La falta de respeto duele y lastima, es difícil volver de ese dolor.

En las familias, los vínculos tienen su historia. En general, entre los que somos familia nos conocemos, sabemos qué decir, cuándo decirlo, cómo y dónde, para obtener una respuesta amigable o una respuesta destemplada. Sin embargo, no siempre lo tenemos en cuenta. A veces tenemos la expectativa de que esta vez el otro va a tomar las cosas de una manera diferente y, sin embargo, obtenemos la misma respuesta de siempre. Y si me preguntan por qué pasa esto, tampoco tendría una respuesta exacta. Quizás la causa sea ese exceso de confianza del que hablé antes, el descuido, el apuro, la costumbre, el hábito; muchas veces ya conocemos el final de la historia y aun así insistimos en hacer lo mismo, de manera que, obviamente, obtenemos el mismo resultado. Por lo general, siempre estamos esperando que el otro cambie.

Y finalmente, antes de entrar en lo específico de las empresas familiares, quiero mencionar las dificultades crecientes para escuchar. Se escucha poco –hablo de una escucha genuina que incluye oír y comprender–. Generalmente se escucha para retrucar enseguida, y luego el otro hace lo mismo. El nivel de interrupciones en las reuniones familiares suele ser bastante alto y pocas veces uno tiene posibilidades de terminar de desarrollar su idea. Entonces surgen infinidad de malentendidos porque el que habla no termina de decir lo que quería decir y los otros responden a ideas incompletas, así que hay necesidad de aclarar lo que se quiso aclarar antes para aclarar algo anterior. Ese es uno de los motivos principales de por qué las reuniones de la familia en las empresas familiares suelen ser tan improductivas: se usa demasiado tiempo para pocos y pobres resultados.

> ## ➤ ¿Y en las empresas familiares?

Los fenómenos comunicacionales que se dan en las familias empresarias no son muy diferentes de los que suceden en cualquier otra familia; la diferencia está en que en estas familias se tratan en lo cotidiano muchos más temas que en otras, se toman decisiones que no son comunes en otras familias; el trato diario y casi permanente, aun siendo todos adultos, es otra característica. Por eso es tan difícil separar las cosas: se ven en la empresa, se ven en la casa, se hablan por celular, se mandan mensajes de whatsapp. Mucho contacto, pero poca comunicación y comprensión del otro.

Veamos algunos temas que adquieren una magnitud relevante.

Las personas que trabajan en la empresa (personal no familiar) están muy atentas a lo que pasa con la familia.

Ven, escuchan, a veces participan (voluntaria o involuntariamente) y sufren los climas según el clima de la familia. La falta de privacidad para las conversaciones suele ser un problema, ya que los empleados están al tanto de las discusiones entre los miembros de la familia, perciben el nivel de respeto (o la falta de) que se tienen, y eso repercute, más tarde o más temprano, en el funcionamiento de la organización toda.

Un tema muy serio es lo que en la teoría de la comunicación se llama "doble mensaje". En las empresas familiares, el doble mensaje es muy corriente; incluso a veces no solo son dobles mensajes, pueden ser triples o cuádruples mensajes. Por ejemplo, un miembro de la familia da una indicación que es modificada en poco tiempo por otro familiar, a veces como producto de un desacuerdo, otras veces como producto de la falta de plan sobre quién va a decir qué a quién y cuándo. Sea o no una desautorización de un familiar a otro, se genera confusión en el personal y esa confusión se traduce en ineficiencia.

Fui testigo, en algunas empresas, de lo que defino como "circulación tóxica de la información". Eso se produce cuando miembros de la familia preguntan –o piden información– a un tercero sobre las actividades de un familiar o de otra persona, se toma esa información como cierta y se reacciona en consecuencia (en general, mal). Lo que en familias comunes no empresarias llamaríamos "chismes" o "chismorreo" (en términos de Harari), en una empresa familiar adquiere una dimensión mayor, por las consecuencias que tiene en el funcionamiento general. Esta circulación tóxica hace a una organización disfuncional y también la convierte en ineficiente. Suelo verlo cuando entre hermanos, sobrinos y primos, alguien utiliza a otro para tener información sobre un tercero familiar, lo que siempre deriva en conflicto. Nada bueno sale de este tipo de interacciones.

Otro tema interesante es el de los triángulos relacionales. Los triángulos suelen ser complicados. Virginia Satir[12] solía decir que no se puede mirar a los ojos a más de una persona a la vez. Ese no ser mirado puede generar un sentimiento de exclusión; por lo tanto, cuando hay más de dos personas en interacción, habrá muchos momentos en los cuales uno de los protagonistas pasará por un momento de exclusión. No solo el nivel de tolerancia a esa exclusión es variable según las personas, sino que funcionaría como agravante si siempre fueran los mismos los que excluyen y los que son excluidos. Las situaciones triangulares suelen ser fuente de muchos problemas en las relaciones.

Suele haber varios triángulos en las familias empresarias: entre padres e hijos, entre hermanos, primos; cuanto más grande es una familia, mayor cantidad de triángulos uno encuentra. No necesariamente la inevitable presencia de triángulos debe ser disfuncional; al contrario, los equipos de trabajo que funcionan incluyen varias relaciones triangulares. Solo llamo la atención porque si no se está atento a la dinámica de los triángulos dentro de la familia, se corre el riesgo de facilitar la aparición de celos, de rivalidad, de competencia, que cuando se activan suelen entorpecer el buen funcionamiento, tanto de la familia como de la empresa.

En los grupos hay alianzas y coaliciones. Según la literatura, las alianzas son "para" (nos juntamos para) y las coaliciones son "contra" (nos unimos contra), aunque ambas pueden ser positivas o negativas.

Llamo coalición al "dos contra uno" de un triángulo. Hay coaliciones más benignas y otras menos benignas. Por ejemplo, si un hijo siente que tiene a sus dos progenitores en su contra, aunque no sea sano, es como la ley de la vida, ya que lo esperable es que los padres formen una unidad.

---

12 Satir, V., 1978.

O si dos hermanos están en "contra" de uno de los padres, tampoco es sano por el malestar que genera, pero dentro de todo también es esperable. Las coaliciones son malignas cuando se cruzan las generaciones: cuando uno de los padres hace alianza con un hijo dejando afuera al otro padre, las consecuencias suelen ser nefastas[13]. La desautorización ante un hijo por parte de un padre a otro suele dañar mucho los vínculos y especialmente la integridad del hijo, porque lo obliga a ocupar un lugar que no le corresponde y le genera mucha confusión. Los especialistas en terapia familiar definen estas situaciones como transgresiones generacionales, o sea, alguien de un nivel ocupa un lugar en otro nivel que no le corresponde.

En esta época, al aumentar los años de la expectativa de vida, es común encontrar tres generaciones en actividad. Si eso sucede puede dar lugar a otras transgresiones, igual de dañinas o más: la coalición de un abuelo con un nieto. Ese nieto "se subirá" a un lugar "más alto" que el de su propio padre. Se confunde todo. Ni hablar de lo que pasa con los empleados no familiares que suelen ser testigos (y padecen) estas situaciones. Un padre desautorizado en la empresa frente a sus hijos por el otro padre, o por su propio padre, suele ser una de las situaciones conflictivas con peores consecuencias: altera la evolución natural de los vínculos y genera confusión (nadie sabe muy bien quién es quién para el otro), y los estados de confusión no son buenos ni para la familia ni para la gestión.

Una organización familiar de los últimos años que suele amplificar estas situaciones son las llamadas "familias ensambladas": segundos matrimonios, hijos de uno, hijos de otro, a veces nuevos hijos de la nueva pareja, ex esposos, ex esposas. El nivel de complejidad de estas familias suele ser mucho mayor que el de las "tradicionales". Trabajen todos

---

13 Minuchin, S., 1977.

o algunos en la empresa familiar, los riesgos de alteraciones en los vínculos son mayores; habitualmente encuentro un nivel más alto de sensibilidad emocional y susceptibilidad. Las familias idílicas que nos muestran en el cine (los míos, los tuyos y los nuestros), si bien existen y son muchas, no son las que uno suele encontrar en la cotidianidad de la vida.

> **Lo que describe es un cuadro desolador y desalentador...**

Es cierto, no es la intención. Recuerde –y recuerden los lectores– que como consultor suelo tener mayor contacto con familias que tienen más problemas, que con otras que los tienen menos. Hasta ahora estoy describiendo los problemas, pero por suerte existen herramientas que nos permiten ayudar a las familias a modificar estas situaciones, entonces el cuadro ya no resulta tan desolador. El drama no es que estas cosas sucedan sino carecer de las herramientas necesarias para poder encararlas. Más adelante, trato en forma específica este tema de las herramientas.

> **En general, entendemos la comunicación como la habilidad para conectarnos con los otros. ¿Esta habilidad es innata o se aprende? ¿Cómo es que una criatura casi sin recursos se transforma en un ser comunicacional?**

Desde que nace (incluso desde antes), una persona está sumergida en un sistema comunicacional. ¿Por qué digo desde antes? Porque, salvo excepciones, un niño es pensado, conversado, imaginado desde antes de su concepción. La comunicación es una necesidad básica elemental y, como es natural y universal, se cree que no hay nada que aprender. Los niños aprenden a hablar espontáneamente, enseguida aprenden el lenguaje de los gestos y van incorporando los códigos comunicacionales de su familia. Quizás sea esta la única educación que reciba sobre comunicación:

"esto se dice", "esto no se dice", "escuchá bien lo que te voy a decir", "hacé caso cuando se te dice algo", "preguntale a mamá o a papá..." y así es como la comunicación va moldeando lo que llamamos personalidad. Harari lo describe de esta manera:

> *Para criar a un humano hace falta una tribu. Así, la evolución favoreció a los que eran capaces de crear lazos sociales fuertes. Además, y puesto que los humanos nacen subdesarrollados, pueden ser educados y socializados en una medida mucho mayor que cualquier otro animal. La mayoría de los mamíferos surgen del seno materno como los cacharros de alfarería vidriada salen del horno de cochura: cualquier intento de moldearlos de nuevo los romperá. Los humanos salen del seno materno como el vidrio fundido sale del horno. Pueden ser retorcidos, estirados y modelados con un sorprendente grado de libertad. Esta es la razón por la que en la actualidad podemos educar a nuestros hijos para que se conviertan en cristianos o budistas, capitalistas o socialistas, belicosos o pacifistas.[14]*

Maturana, con otras palabras, también define brillantemente este aspecto de la trascendencia de la comunicación, en la formación de una familia y de la cultura de sus miembros:

> *El ser humano es constitutivamente social. No existe lo humano fuera de lo social. Para ser humano hay que crecer humano entre humanos. Aunque esto parece obvio, se olvida al olvidar que se es humano solo de la manera de ser humano de las sociedades a que se pertenece.*
>
> *Si pertenecemos a sociedades que validan con la conducta cotidiana de sus miembros el respeto a los mayores, la honestidad consigo mismo, la seriedad en la acción y la veracidad en el lenguaje, ese será nuestro modo de ser humanos y el de nuestros hijos. Por el contrario, si pertenecemos a una sociedad cuyos miembros validan con su conducta cotidiana la hipocresía, el abuso, la mentira y el autoengaño, ese será nuestro modo de ser humanos y el de nuestros hijos.[15]*

---

14 Harari, Y., *op. cit.*
15 Maturana, H., *op. cit.*

> He visto muchas discusiones en el ámbito de las familias en las que ninguno espera que el otro termine lo que está diciendo; contesta enseguida, incluso haciendo una interpretación: "Me quisiste decir...", sin siquiera chequear si eso es así. Incluso reacciona mal, no por lo que el otro dijo sino por lo que él mismo interpreta. ¿Cómo explica estas situaciones?

Son las benditas atribuciones. Atribuir al interlocutor una intencionalidad, un sentido a lo que está diciendo, sin corroborar por medio de preguntas si la atribución está bien encaminada o no, es un fenómeno muy cercano a la "adivinación del pensamiento". Entonces se producen diálogos absurdos, del tipo: "Vos me decís que no hice el informe porque me considerás un inútil..." –le dice un hermano al otro–. "No, no" –dice el hermano–. "Sí, sí" –reconfirma el primero y agrega: "–Siempre me consideraste un inútil..."; a lo que el otro responde: –"Para nada, solo que necesito el informe para terminar un trabajo que estoy haciendo". Es común que escuche este tipo de diálogos en una reunión familiar. Un tema de gestión como la entrega o la omisión de un informe se transforma en una discusión sobre la historia del vínculo. Los siempre y los nunca.

La atribución de sentido a lo dicho es una fuente inacabable de malentendidos que desvían el foco de atención, una conversación de asuntos de la empresa se transforma en una conversación sobre cuestiones personales: "Me quisiste decir...", "De dónde sacaste eso...", "Siempre...", "Nunca...".

> En las familias hay secretos. ¿De qué modo afectan el funcionamiento de una familia al frente de una empresa?

Los secretos afectan directamente la comunicación impidiendo que sea fluida y espontánea. El secreto hace que aquel que lo guarda no solo se cuide de revelarlo, sino que además debe negar su propia existencia. Por lo tanto, las áreas vedadas se expanden como ondas en el agua. Sería mucho más claro (aunque no sea muy sano) decir "Sí, me guardo un secreto y no lo voy a contar", que decir "¿Secreto? ¿Qué secreto?".

En general, los secretos tienen mala prensa, no están bien vistos, a pesar de que los secretos en la familia sean de lo más común. ¿Quién vive en una familia en la que no hay secretos? Pero hay secretos y secretos... El secreto es información que se oculta. ¿Por qué motivo alguien puede querer que cierta información permanezca oculta? Puede ser para beneficiar o perjudicar a otro, por vergüenza, para evitar un conflicto, porque su revelación puede hacerlo sentir vulnerable.

Entre familiares, los motivos por los cuales se guarda un secreto pueden ser los mismos que entre extraños, pero los efectos suelen ser mucho más nocivos en una familia.

Como bien lo describe mi colega Gonzalo Gómez Betancourt:

> *No solo ocupan un gran espacio de esa pesada maleta que llevamos a todas partes, sino que deben ser removidos del equipaje por más duro que sea el proceso, porque cuando se oculta algo, se falta a la verdad y cuando esto ocurre, se pone en riesgo la unidad y el patrimonio familiar.*[16]

Aparece un dilema para los consultores, cuando durante una consulta personal algún miembro de la familia "comparte" un secreto o uno sospecha la existencia de algo secreto. Si bien mantengo el compromiso de confidencialidad con la familia, ¿qué sucede cuando sostener la confidencialidad dentro de la familia roza la complicidad con uno de los miembros?

---

16 Gómez Betancourt, G., 2017.

Recuerdo un caso al respecto. El contador (no familiar) de una empresa familiar me cuenta, en una reunión a solas, que un accionista perteneciente a una rama de la familia es quien recibe las utilidades y quien a su vez las distribuye entre sus hermanos, y al hacerlo les informa que tiene que descontar del total el pago de un impuesto. El contador me comenta que, al hacer la distribución de las utilidades, la empresa ya se había hecho cargo del pago de aquel impuesto; por lo tanto, el accionista obligaba a sus hermanos (sin que ellos lo supieran) a un doble pago del impuesto.

El contador estaba vinculado a la familia desde hacía muchos años y gozaba de la confianza de todos. Me comentaba que no sabía cómo proceder con ese tema, sin generar problemas en esa rama de la familia, con el riesgo de que si surgían, se expandieran al conjunto familiar. Pero tampoco se sentía cómodo manteniendo el secreto.

Para mí, también era difícil manejar la situación, porque no podía abordar el tema sin poner en evidencia la fuente de información. Tampoco me parecía profesionalmente ético haber tomado conocimiento de la situación y no intervenir. Acordamos con el contador la herramienta que iba a ser utilizada en ese caso. Para quebrar la situación, se introdujo una modificación en la forma de informar el monto correspondiente a las utilidades. En lugar de informarle solo al representante de cada rama, como se hacía hasta el momento, se pasó a informar a cada uno de los accionistas. La nueva forma fue aceptada por el conjunto de la familia (un grupo numeroso) en el marco de la confección del protocolo; de esta manera pudimos poner un punto final a esa situación anómala y la nueva forma quedó incorporada al protocolo familiar.

Es común que durante el desarrollo de la consultoría mantenga reuniones individuales y personales con los diferentes miembros de la familia. Si bien establezco ciertas pautas de confidencialidad sobre lo que escucho, advierto que esa confidencialidad no será absoluta cuando la información "confidencial", según mi criterio, afecte los intereses del resto de la familia, de uno solo de ellos o de la empresa.

> **¿Qué es lo que hace en esos casos?**

Al ser confiada la información, parto del supuesto de que ya deja de ser algo "tan" secreto: yo soy un extraño, confiable, pero extraño al fin. Evalúo si hay intereses afectados, no necesariamente económicos; puedo sopesar también que si esa información confidencial se mantiene puede socavar, en el presente o en el futuro, la armonía de la familia, con los consiguientes perjuicios para la empresa y para la misma familia. Si es así, sugiero que dicha información sea compartida con el resto de la familia[17], y en general la persona me pide ayuda para hacerlo, porque no sabe cómo o porque teme las consecuencias de "hacer una revelación" (la mayoría de las veces las reacciones reales son bastante menos terroríficas que las imaginadas). El objetivo del trabajo con esa persona pasa a ser cómo, cuándo y dónde va a compartir la información "guardada" y con quiénes.

> **¿Y no se encuentra con resistencias?**

En general no. Tengamos presente que eso se da en el marco de un pedido de ayuda porque algo no anda bien. En mi experiencia, salvo unas pocas excepciones, siempre me encontré con personas dispuestas a colaborar y ese procedimiento está incluido en el marco de la consultoría. Comúnmente, el resultado es de mucho alivio para todos, e incluso a veces abre la puerta para la aparición de otras in-

---

17 En este punto, conviene también tener en cuenta con quién de la familia: si con todos, o con los que trabajan en la empresa, si es solo con los pares (los de la misma generación) o con todas las generaciones. Recomiendo evaluar cada situación en particular.

formaciones guardadas por otros (de las que yo no tenía conocimiento). Lo que sucede siempre es que se establece un nuevo escenario más favorable para resolver los problemas. Hago mías las palabras de Gómez Betancourt:

> *Lo primero que recomiendo a todas las familias, sean empresarias o no, es decir la verdad cuando la debemos decir. Por dura que sea una verdad, se debe ser responsable con ella, ser veraces y sobre todo, decirla cuando la debemos decir. Hay evidencia empírica suficiente para saber que ocultar no sana los sistemas familiares, lo único que cura los sistemas es el reconocimiento, el perdón y la reparación.*[18]

Los consultores tenemos la gran responsabilidad de ayudar a los miembros de empresas familiares a transitar de la mejor forma posible momentos que son dificultosos y que por sus propios medios no están en condiciones de llevar adelante.

Con el tema de los secretos como en tantos otros, no hay verdades absolutas, ni juicios absolutos, ni recetas universales aplicables a todas las familias para todos los momentos. ¿Tiene o no tiene derecho un matrimonio de conservar algún secreto frente a sus hijos o a sus respectivas familias de origen? ¿Cuándo se sostiene o se viola la intimidad de una pareja y/o de una familia? Si no se afectan intereses afectivos, económicos o patrimoniales, ¿estamos obligados a revelar secretos?

Antes de terminar, y sin la pretensión de haber agotado los temas vinculados a la comunicación, quiero mencionar los problemas que se suscitan cuando se habla y/o se discute a los gritos. Esto tiene varios inconvenientes y no es para nada recomendable. En primer lugar, cuando se grita, nadie escucha y ¿qué sentido tiene una conversación en la cual nadie se escucha? Desde esta perspectiva, sería muy difícil tomar decisiones acordadas.

Pero tanto o más grave que esto es la pérdida de intimidad de la familia frente al resto del personal, cuando

---

18 Gómez Betancourt, G., *op. cit.*

eso sucede en las oficinas de la empresa. Son pocas las empresas en las que hay una sala o un lugar especial para reuniones, y cuando la hay, no tiene el nivel de privacidad necesario para preservar la intimidad de los que se reúnen. En consecuencia, los gritos traspasan las paredes o tabiques que limitan esos espacios. Aunque no trascienda el contenido de la conversación, sí se transmite el clima (discusiones a los gritos). Esto impacta negativamente sobre el resto del personal; los pone en alerta, perciben que hay problemas aunque no sepan bien de qué se trata, comienzan los rumores, aparecen fantasmas por el futuro, los desmotiva, la empresa es un poco más ineficiente.

Para finalizar, comparto lo dicho por Max De Pree, uno de los más interesantes autores sobre liderazgo de la actualidad, una definición contundente sobre la importancia de la comunicación en la empresa, aplicable ciento por ciento a las empresas familiares:

¿En qué consiste la buena comunicación? ¿Qué se logra con ella? Es un requisito previo para enseñar y aprender. Es el modo en que la gente puede franquear los abismos formados por una compañía en crecimiento, mantenerse en contacto, acumular confianza, pedir ayuda, vigilar el rendimiento y compartir una visión. La comunicación aclara la visión de la propiedad participativa, como medio de construir relaciones dentro y fuera de la empresa.

La buena comunicación no consiste solo en enviar y recibir. Tampoco es simplemente un intercambio mecánico de datos. Por muy buena que sea la comunicación, todo está perdido si nadie escucha. La mejor comunicación es la que nos obliga a escuchar.

Una cantidad de obligaciones acompaña a la buena comunicación. Debemos entender que el acceso a la información pertinente es esencial para cumplir con una tarea. El derecho a saber es básico. Más aún: es mejor errar por exceso de información que arriesgarse a que alguien quede a oscuras. La información es poder, pero es un poder inútil si se la esconde. El poder debe ser compartido para que una organización o una relación funcionen.

Solo a través de una buena comunicación podemos descubrir las necesidades y exigencias de nuestros clientes.

Únicamente gracias a una buena comunicación podemos transmitir y preservar una visión empresaria común. La comunicación puede aguzar, corporizar y ayudar a llevar a cabo esa visión.[19]

Como consultor, resulta una enorme satisfacción ser testigo de la evolución de las conversaciones de las familias a través del tiempo, desde el comienzo de la consultoría hasta pasado un cierto tiempo; el clima, los modos y fundamentalmente los temas de conversación suelen ser muy diferentes. Al comienzo discuten intensamente asuntos relacionales como si fueran chicos y luego, con el tiempo, son conversaciones más adultas, bastante más tranquilas, sobre los temas de la empresa. Esto no quiere decir que no haya desacuerdos o ideas diferentes, pero pueden ser conversados. Y, aunque de vez en cuando aparezcan gritos o se levante la voz, avanzan. Por lo general, la gente se suele olvidar de cómo estaban cuando consultaron y naturalizan los cambios positivos (afortunadamente).

---

19 De Pree, M., 1993.

IMPORTANTE

- Cualquier emprendimiento comienza con una conversación.
- Muchas veces no hay coincidencias sobre lo que se conversó.
- Los seres humanos primero percibimos, después describimos. Pero las percepciones pueden ser engañosas. Y ellas son las que determinan luego el tipo de descripciones (palabras que usamos), tanto las que nos hacemos a nosotros mismos como las que exteriorizamos a modo de opiniones, explicaciones, juicios de valor, afirmaciones o negaciones. Todas parten del modo en que percibimos. No hay palabras inocuas. Todas generan un efecto en el otro, y dicen algo sobre la persona que las enuncia, así como del vínculo que establece con su interlocutor.
- Es común creer que el punto de vista de uno es más correcto que el de los otros. Por lo tanto, muchas conversaciones giran alrededor de poder demostrar que uno tiene razón y el otro está equivocado.
- Otras conversaciones giran alrededor de quién "empezó", quién tiene la "culpa". Esto genera un costo oculto, en tiempo, energía y dinero, que no aparece en las planillas de Excel de la empresa.
- Las atribuciones de sentido son tan habituales como fuente de situaciones conflictivas.
- Las reuniones de la familia para tratar asuntos de la empresa se desarrollan con infinidad de interrupciones.
- La esperanza de ser adivinado gobierna muchas relaciones: "Pensé que te habías dado cuenta...", "Ya sabés lo que pienso...", "Lo daba por sobrentendido".
- Escuchar –oír y comprender– con interés genuino (mostrar curiosidad por conocer al otro) es una de las herramientas más valiosas para una comunicación fluida. Saber preguntar en lugar de atribuir es otra de las herramientas que abren un escenario diferente en la conversación. Lo mismo sucede cuando, en lugar de interrumpir, se escucha al otro y se espera que termine de desplegar su idea.
- Disponer de diferentes espacios (momentos) de conversación de la familia es la más importante herramienta de gestión.

CAPÍTULO 2

Psicología del cambio
y la estabilidad

➤ **Es sabido que para las familias de las empresas familiares hablar, pensar o llevar adelante cambios es una necesidad y, al mismo tiempo, algo temible. ¿Qué nos puede comentar al respecto?**

Por empezar, los cambios son y serán una de las características principales de las empresas familiares. Cambian los negocios, cambian las familias, cambia la distribución de la propiedad. Se producen matrimonios, divorcios, nacimientos, fallecimientos, incapacidades, se suman o se desvinculan familiares como socios o gerentes, y cambian los contextos del negocio (mercado, proveedores, usuarios, demanda de productos, decisiones del gobierno, etcétera).

Así es la vida de las empresas familiares: alternan momentos de estabilidad y afianzamiento con períodos de cambio e incertidumbre.

Existen diferentes procesos en las empresas familiares a los cuales llamamos "cambio", como expliqué en una obra anterior.[20] Si hablamos de cambio es por contraste con otros procesos a los que podemos definir como estabilidad. La estabilidad y el cambio son aspectos parciales de un proceso sin fin en la evolución de una familia y de una empresa.

---

20 Press, E., 2005.

Ninguna empresa familiar sobrevive bajo los efectos de un cambio permanente, como tampoco lo puede hacer bajo los efectos de la inmovilidad absoluta.

Si aceptamos la definición de la empresa familiar como un sistema social complejo, un "ser vivo", le caben las generales de la ley de los sistemas vivos. Para mantenerse estables, estos tienen que cambiar permanentemente. En su libro *Cambio,*[21] Watzlawick lo explica con una buena metáfora por fuera de la biología: para mantener la dirección de una bicicleta en línea recta, el ciclista debe estar haciendo permanentes cambios con el manubrio. Si se inmovilizara el vínculo entre el manubrio y el cuadro de la bicicleta impidiendo esos pequeños cambios, la bicicleta caería al suelo rápidamente.

Tenemos diferentes tipos de cambios, deseados y no deseados, planificados e imprevistos, producto de dinámicas internas y producto de decisiones externas, cambios para dejar de estar mal y cambios para estar mejor, cambios que abarcan muchas áreas de la empresa y cambios que abarcan pocas áreas, aquellos cuyos efectos se dan sobre muchas personas y los que se dan sobre pocas personas, aquellos cuya implementación requiere la participación de mucha gente y los que necesitan de poca gente; hay cambios más evidentes y otros que lo son menos.

No voy a extenderme mucho más en este punto porque existe abundante bibliografía sobre el tema, pero sí quiero remarcar que tenemos que saber de qué estamos hablando cuando hablamos de cambio. Como en tantos otros procesos, el lugar del observador es muy importante. ¿Quién define que una situación es un cambio o no lo es; cómo podemos ordenar, encuadrar y/o modelizar un proceso evolutivo que es de por sí desordenado, desencuadrado, y que sigue su propia dinámica, si no es a través de los ojos de un observador que defina estas cuestiones?

---

21 Watzlawick, P., 1976.

Actualmente, son muchos los cambios a los que nuestras empresas familiares asisten en el contexto económico y social. Asistimos a la variación permanente de productos y servicios, que, en muchos casos, por no decir en la mayoría de las ocasiones, transforman los hábitos sociales. En el plano empresarial, la innovación tecnológica, las nuevas tecnologías de la información y la comunicación, los cambios organizativos y productivos, la entrada de nuevos competidores, los nuevos productos, los cambios en los gustos y preferencias de los consumidores, o la internacionalización de los mercados, hacen que hoy en día las empresas familiares estén en continuo cambio para poder hacer frente a todo ello y, por consiguiente, permanecer en el mercado, ya que en caso contrario la vida de las empresas será contada, pues el propio entorno acabará con ellas.

Las empresas familiares, hoy en día, deben enfrentarse a un entorno político, económico, social y cultural en constante cambio; siendo el poder del factor humano el que especialmente conducirá la transición al cambio y su implementación dentro de su organización.[22]

> ➤ **¿Cómo se toman decisiones en este contexto?**

Los períodos de transición suelen ser críticos y representan un desafío en la evolución de las empresas familiares. Los cambios generan incertidumbre en las decisiones, aumentan la ansiedad y la vulnerabilidad. Estos sentimientos son comprensibles, dado que los períodos de transición son el momento en el que en cierto modo se juega parte del futuro de la empresa, según el resultado final.

El tema es que nadie puede garantizar un resultado. En ese sentido son muy interesantes los últimos trabajos de Kahneman[23] referidos a la toma de decisiones y a la actitud frente a los riesgos. Dice el autor:

Tomar decisiones es como hablar en prosa, la gente lo hace todo el tiempo, lo sepa o no. Por eso no resulta sorprendente que la lógica de la toma de decisiones la compartan muchas disciplinas, desde las matemáticas y la estadística, pasando por la economía y la ciencia política, hasta la sociología y la psicología.

---

22 Ortega Giménez, A.,2009.
23 Kahneman, D., 2012.

Sus hipótesis demuestran, a través de infinidad de experiencias, que las preferencias en la elección por tal o cual decisión dependen de cuestiones muy subjetivas ligadas a la percepción de ganancia o de pérdida que tengan las opciones para las personas, como veremos hacia el final del capítulo.

Aunque por mi parte señale la importancia de los momentos de cambio, eso no significa que los períodos de estabilidad sean de "piloto automático". Demandan diferente atención y trabajo, pero atención al fin. Los momentos de estabilidad constituyen una gran oportunidad para el crecimiento, para pensar las grandes líneas, para planificar, para profesionalizar, para avanzar en el protocolo.

En los períodos de cambio, los tiempos para tomar decisiones son más breves que en los momentos de estabilidad. Los temas suelen ser más urgentes y los riesgos de improvisación, mayores. Esto amerita que en los períodos de estabilidad convenga prepararse para momentos de inestabilidad, de modo de reducir lo más posible las improvisaciones. Profesionalizar cuando las cosas están bien prepara a la empresa y a la familia para cuando las cosas no lo estén y haya que tomar decisiones urgentes.

> **En los últimos años se multiplicó la publicación de trabajos sobre los cambios evolutivos de las empresas familiares. ¿Cuáles serían los motivos?**

La mayor expectativa de vida nos obliga a pensar los tiempos evolutivos de una manera diferente. Las tendencias demográficas, al menos en el mundo occidental, nos hablan de más generaciones conviviendo en la misma familia.[24] Existen en el mundo actual muchas más empresas en las que conviven tres generaciones activas, sociedades de hermanos y consorcios

---

24 Gersick, K. y cols., 1999.

de primos. Los cambios en la comunicación, en el transporte, y también la gran expansión de los mercados favorecen la existencia de empresas más grandes y polifacéticas.

Finalmente, desde el punto de vista de la familia, la inclinación hacia la propiedad única está en retroceso, en parte, porque algunas de las antiguas prácticas hereditarias (por ejemplo, el tratamiento desigual de las mujeres y una primogenitura estricta) han dejado de ser la norma en muchas sociedades.[25]

> **¿Cuáles serían cambios para mejorar?**

En el devenir de las empresas, estos surgen por propia iniciativa o por recomendación de un profesional, si inician procesos con el propósito de mejorar una situación existente. Puede ocurrir desde actualizar el sistema informático (muy común en esta época), encarar la modernización de alguna maquinaria productiva, modificar procesos de gestión, hacer cambios en el departamento de ventas.

Este es un momento sobre el que hay mucha difusión acerca de cómo mejorar la gestión de las empresas. Se habla mucho de profesionalizar, de hacer mejoras en diferentes áreas (el área de sistemas es uno de los más comúnmente elegidos, para digitalizar la mayor cantidad de información posible). Es notable que, a pesar del desarrollo tecnológico existente, las pymes familiares estén poco informatizadas, lo cual hace más dificultoso inventariar el stock, así como hacer cálculos de costo, evaluar la rentabilidad, controlar la facturación, etcétera.

Por supuesto, también su busca mejorar cuando existen situaciones conflictivas en la familia. Otras búsquedas de mejoras tienen que ver con la expansión, las inversiones, la apertura de nuevas unidades de negocios, la inclusión

---

25 Ibídem.

de nuevos productos. Desde el punto de vista patrimonial, también se pueden llevar adelante acciones de mejora; por ejemplo, planificación de la economía familiar empresaria o inclusión de un nuevo socio, la planificación sucesoria patrimonial. Aun la venta puede ser un cambio para mejorar.

➤ **¿Qué nos puede comentar sobre los cambios imprevistos?**

Los cambios imprevistos son aquellos que no fueron planificados por la dirección de la empresa. Pueden depender de dinámicas propias de la empresa y/o de la familia, o de dinámicas externas a la familia y a la empresa.

Son dinámicas propias el fallecimiento imprevisto o la discapacidad repentina de la máxima autoridad de la empresa o de alguien de las nuevas generaciones, la avería de una máquina importante, la renuncia de un alto directivo no familiar. A veces una demanda laboral puede obligar a revisar la situación financiera, consecuencia de una mala decisión financiera o comercial.

Las dinámicas externas son las decisiones del gobierno modificando leyes o reglamentaciones, proveedores que cambian las reglas de juego, un cliente importante que decide dejar de serlo, transformaciones en la situación económica de países con los que la empresa tiene conexiones comerciales.

Todas estas situaciones, que no pretenden ser un listado exhaustivo, ameritan revisar los planes, las políticas y hacer cambios que permitan la continuidad de la empresa.

➤ **¿Existe algún tipo de herramienta que ayude a las familias a afrontar los cambios?**

Ya sean cambios buscados o imprevistos, lo que suceda va a depender de como esté preparada la empresa para afrontarlos.

> ¿A qué se refiere con que "esté preparada"?

En primer lugar, quiero decirle que los cambios, cualesquiera sean, van a depender siempre de los elementos con los que se cuenta, de sus propiedades y de cómo están organizados. El profesor Darío Rodríguez M.[26] lo describe muy bien cuando enumera las diferencias de reacción de distintos tipos de vidrio frente al calor. Un vidrio templado expuesto a altas temperaturas va a tener un desempeño determinado, se va a calentar pero no se va a quebrar. Un vidrio común, frente a la misma experiencia, va a estallar inmediatamente.

¿Dónde está la diferencia? ¿En el aumento de la temperatura? No. Está en la estructura del vidrio. Sin aplicar en forma lineal el concepto, con las personas y con las organizaciones sucede algo parecido. El cambio va a estar determinado por su estructura. Hay procesos que pueden ser encarados por algunas personas y por otras no, y lo mismo sucede con las empresas. El afuera (por ejemplo, un consultor) puede provocar un cambio, pero el sistema es autónomo y va a cambiar hacia la dirección que pueda, y no hacia la que quiere el consultor.

Lo que es es, y existen las limitaciones tanto para las personas como para las empresas. Esto no tiene nada que ver con la resignación –como me planteaba una alumna durante una clase–. Ella decía que hablar de limitaciones era resignarse (dándole a esto una connotación negativa). Entonces la llevé ante una pared del salón, a una distancia de dos o tres metros, y le pedí que caminara hacia adelante. Por supuesto, al avanzar se encontró con la pared que la detuvo, pero le pedí que siguiera avanzando, a lo que me contestó que no podía, que la pared se lo impedía. Reconoció que la pared era una limitación para su avance.

---

26 Rodríguez M., D., 2001.

La estructura de la familia/empresa limita del mismo modo los alcances de los cambios. Esto no quiere decir que se deba estar contento con las limitaciones, pero lo que no se puede hacer es desconocerlas y, si son una traba para un cambio, habrá que ponerse a trabajar para ver si algunas de las condiciones se pueden modificar. Pero básicamente, aun así hay límites.

Como el viejo cuento del alacrán y la rana, los cambios no pueden ir más allá de lo que la estructura del sistema permite.

Había una vez una rana sentada en la orilla de un río, cuando se le acercó un escorpión y le dijo:
—Amiga rana, ¿puedes ayudarme a cruzar el río? Me puedes llevar en tu espalda...
—¿Que te lleve en mi espalda? —contestó la rana—. ¡Ni pensarlo! ¡Te conozco! Si te llevo en mi espalda, sacarás tu aguijón, me picarás y me matarás. Lo siento, pero de ninguna manera.
—No seas tonta —le respondió entonces el escorpión—. ¿No ves que si te pincho con mi aguijón te hundirás en el agua y que yo, como no sé nadar, también me ahogaré?
Y la rana, después de pensarlo mucho, se dijo a sí misma:
"Si este escorpión me pica en la mitad del río, nos ahogamos los dos. No creo que sea tan tonto como para hacerlo."
Y entonces, la rana se dirigió al escorpión y le dijo:
—Mira, escorpión. Lo he estado pensando y te voy a ayudar a cruzar el río.
El escorpión se colocó sobre la resbaladiza espalda de la rana y juntos empezaron a cruzar el río.
Cuando habían llegado a la mitad del trayecto, en una zona del río donde había remolinos, el escorpión picó con su aguijón a la rana. De repente, la rana sintió cómo el veneno mortal se extendía por su cuerpo. Y mientras se ahogaba, y veía cómo también con ella se ahogaba el escorpión, con las últimas fuerzas que le quedaban, dijo:
—¿Por qué lo hiciste? Tú también vas a morir.
El escorpión la miró y le respondió:
—Lo siento ranita. Está en mi naturaleza.

Solo a modo de ejemplo para clarificar la idea, se da otra situación con tres ollas de agua hirviendo. En una de ellas se coloca un huevo fresco, en otra, una zanahoria y en la restante, granos de café. El huevo se endurece, la zanahoria se ablanda y el café se disuelve. ¿La diferencia está en el agua hirviente? No, el agua es la misma para todos. La diferencia está en la estructura del huevo, de la zanahoria y del café.

> **¿Podría darnos algún ejemplo en empresas?**

Es un caso en que el cambio surgió de una situación externa, de una modificación en el mercado.

Hace muchos años, una empresa familiar de servicios técnico-electrónicos tenía como actividad principal la fabricación y el servicio de posventa de medidores de pulsos telefónicos instalados en locutorios. Recordemos que hace unos 20 a 30 años los locutorios abundaban, ante el déficit de líneas de teléfono en los hogares. Pero la irrupción, al comienzo paulatina y luego vertiginosa, de la computación y de la telefonía celular, fue disminuyendo la necesidad de contar con locutorios.

Si bien los dueños de la empresa habían advertido esta situación, no habían tomado decisiones para adecuar la empresa a la nueva contingencia que se avecinaba. Pasaron por un período muy difícil, tanto en lo financiero como en la producción, porque no estaban en ese momento preparados para hacer otra cosa. Con mucho esfuerzo, con endeudamientos, con problemas surgidos con el personal, con la revisión de los procesos de gestión, finalmente, después de unos años pudieron reconvertir la empresa, sin abandonar el rubro electrónico. En cambio, incorporaron a sus servicios el desarrollo de software para distintas funciones, de manera que pudieron salir a flote.

Paralelamente, también fue diversa la suerte corrida por los dueños de los locutorios; hubo quienes pudieron reconvertir su negocio y mantenerlo, mientras que otros tuvieron que cerrar, muchos de ellos con pérdidas. Esto también dependió de cómo estaban preparados para afrontar el cambio que se estaba produciendo.

Otro caso diferente es el surgido de un cambio generado por una decisión interna de la empresa. Una empresa multinacional (no familiar), con unos treinta y cinco empleados, un *country manager*,[27] un gerente general y tres gerentes. En el nivel directivo, después del análisis y la discusión que llevó más de un año, decidieron la implementación de un tablero de comando para mejorar el control de la gestión. Si bien estas discusiones no fueron secretas, tampoco se compartieron con el resto del personal. Una vez tomada la decisión de avanzar y elegido el sistema, se les informó a todos que a partir de la semana siguiente se iba a instalar el nuevo software, para lo cual se iba a hacer presente personal de la empresa proveedora, al cual debían brindarle colaboración.

No hubo más explicaciones y, si bien el proyecto no fracasó, hubo una demora muy importante porque el personal (la estructura de la empresa) no estaba preparado para hacerlo. No recibió información de cuáles eran los objetivos ni de cuál sería el beneficio de ese cambio y, como suele suceder, se instaló la desconfianza y junto con ella la "resistencia" a la colaboración.

Llevó varios meses generar las condiciones para que se pudiera comenzar la instalación, y muchos más para su uso. Esta falta de preparación generó un costo oculto en tiempo, dinero y energía en las cuentas de la empresa.

Los saltos o los giros significativos en la políticas económicas de un país van impactar en las empresas, beneficiando a algunas y perjudicando a otras; en este caso, el cambio lo dispara el giro de la política, pero de qué lado

---

27 La máxima autoridad de una empresa multinacional en una sede localizada en el extranjero.

de la línea quedará la empresa con el cambio, dependerá de su capacidad de reacción que, a su vez, dependerá de su propia estructura.

Un ejemplo muy interesante sobre este tema es una noticia aparecida en los diarios.[28] Las muy recientes valijas llamadas "inteligentes" se alimentan con baterías de litio integradas. Una disposición de IATA (sigla en inglés de Asociación Internacional de Transporte Aéreo), que regula a las aerolíneas, estableció que desde enero de 2018 no puede despacharse equipaje que contenga una batería de litio. El negocio comenzó hace tres años y hoy debe cambiar.

Varias compañías aéreas comunicaron que "solo se permitirá en la bodega del avión el equipaje inteligente con baterías de ion litio removibles". Esta normativa obliga a los fabricantes a buscar alternativas, si quieren que sus empresas sobrevivan y no perder lo invertido. Se trató de un cambio no previsto ni buscado.

La compañía A ofrecía productos equipados con baterías integradas, algo revolucionario. Pero hoy la empresa está sufriendo las consecuencias de esta nueva disposición. Sus directivos dicen: "Desde el principio lo hicimos sobre la base de las normativas y, después de tres años, cambiaron". No estaba en sus planes que normativas dictadas por otros pudieran cambiar. Dice la información que a esa empresa se le dificulta continuar con el negocio tal como lo tenía concebido, y le quedan ocho empleados de los 70 que trabajaban allí.

Otra compañía, B, envió a sus clientes una carta en la que se compromete a devolver el dinero de las valijas que ya fueron compradas. Una pérdida enorme.

Un caso distinto es el de la empresa C, que desarrolló una valija que incluía una serie de beneficios (apertura con huella dactilar, GPS, puertos USB), con cargador y batería

---

28 *La Nación*, 15/02/2018.

removible. Esta empresa no se vio afectada por la resolución de IATA. Este es un claro ejemplo de cómo una misma situación impacta distinto en dos empresas, al estar "preparadas" de diferente manera.

Seguramente es discutible la responsabilidad en la toma de decisiones cuando las cosas se hacen de acuerdo con las normas existentes. Los dueños de la empresa C reconocen que no tenían previsto que ocurriera un cambio en la disposición y que el producto fue diseñado así desde su concepción original.

Pero, pequeño detalle, los directivos de dos empresas norteamericanas explicaron que "la medida era esperable", en función de prohibiciones previas de ciertos teléfonos celulares; por eso ambas empresas tienen baterías extraíbles y no sufren las consecuencias de las nuevas medidas.

Nuevamente, las empresas mejor preparadas afrontan mejor los cambios imprevistos y no buscados. Según estos últimos directivos había indicios, señales de que algo así podría suceder. Algunos las tomaron en cuenta, otros no, y es muy probable que otros aun ni siquiera las hayan advertido.

> **No sé si a los lectores les queda claro que la dirección del cambio depende de la estructura de la organización. ¿Nos quiere decir que no se puede hacer cualquier cambio que uno quiera?**

Sí, algo más o menos así. A una empresa que tiene toda su infraestructura y organización preparada para producir valijas con batería de litio no removibles le va a resultar imposible producir valijas con baterías de otro tipo, de un día para el otro. Tiene que prepararse de otra manera; por supuesto que en este caso en particular podrá aprovechar mucho de lo que ya tiene, pero para subsistir tiene que modificar su estructura.

Maturana[29] lo explica de esta manera:

> *Los sistemas sociales cambian, sea por sus propias dinámicas o por perturbaciones del medio (estímulos externos) pero manteniendo su organización. La dirección del cambio depende de la estructura del sistema y no de esos estímulos externos.*

Y agrega:

> *Estas perturbaciones gatillan movimientos que dependen de la estructura y no de las perturbaciones. Una organización va tomar una dirección frente a situaciones externas o internas que va a depender de cómo esté estructurada.*

Menos científica, la sabiduría popular lo sentencia breve y contundentemente: "No le pidas peras al olmo".[30] A cada organización (sea una familia o una empresa) se le puede "pedir" lo que puede dar. Es obvio que se trata de un ejemplo extremo. Es posible que con los adelantos que existen en la biotecnología y con la manipulación genética se pudieran conseguir peras de un olmo... pero ese olmo tendrá otra estructura, una preparada para dar peras. Seguramente, la mayoría de las empresas que fabrican valijas inteligentes se adaptarán a las nuevas normas cambiando algunos aspectos de su estructura.

Entonces, frente a los cambios, ya sea por dinámicas propias o por estímulos externos, la familia/empresa (sistema) va a reaccionar en función de los recursos con los que cuenta *esta* familia y *esta* empresa. Por supuesto que los recursos se pueden ampliar, pero no se puede ir más allá de lo que su estructura le permita. La historia, los hábitos, las

---

29 Maturana, H., *op. cit.*

30 "El fruto del olmo es una sámara, un tipo de fruto seco con alas, que favorecen la dispersión de las semillas". Disponible en: http://www.plantas-paracurar.com/el-arbol-de-olmo/ "El peral pertenece a la familia de las rosáceas". Disponible en: http://www.frutas-hortalizas.com/Frutas/Presentacion-Pera.html

costumbres, la cultura, los modos de relacionarse, la calidad de la comunicación –en el caso de la familia–, y la situación financiera, el mayor o menor ordenamiento de los procesos de gestión, la ubicación de sus productos en el mercado, el rubro –en el caso de la empresa–; todos estos ingredientes hacen a la estructura de cada familia/empresa. Todo se puede cambiar y mejorar, aunque no podemos perder de vista que en algún momento nos cruzaremos con un límite.

Cuando estos ingredientes funcionan en forma armónica y adecuada, podemos pensar en una empresa "sana", y son las empresas sanas las que están mejor preparadas.

➢ **¿A qué llama empresa sana?**

Una empresa sana es una compañía con cuentas claras, con una buena administración, con las funciones de sus directivos bien definidas y con el uso de una herramienta de gestión noble como es el análisis FODA,[31] que permite tener una visión de las fortalezas y las oportunidades que se le ofrecen, así como de las debilidades y las amenazas que la acechan. Realizar este análisis con cierta periodicidad permite mantener actualizada la posición de la empresa en el aquí y ahora del mercado. Obviamente, nada preserva de situaciones extremas sorpresivas, pero aun así cuanto mejor esté preparada la empresa, menores serán los efectos negativos del suceso.

➢ **Desde su experiencia, ¿cuáles son los cambios más comunes en las empresas familiares? o, en todo caso, ¿por qué tipo de situaciones recibe usted más consultas?**

Las situaciones son muy parejas, entre aquellas que están mal y quieren estar bien, y aquellas que están bien y quieren estar mejor; porque son conscientes de que algo tienen que

---

31 Desarrollado ampliamente en Press, E., 2011.

hacer, o por la inclusión de las nuevas generaciones, o por cambios en el mercado, o porque se actualizan y quieren profesionalizar la empresa o diseñar el protocolo. Quizás para los consultores sea mucho más fácil emprender un proyecto cuando una empresa está mal, porque cualquier cosa que implique un avance y el alejamiento de ese estar mal será festejado y valorado. En cambio, cuando una empresa está bien y quiere estar mejor, el riesgo es mayor porque tienen aspectos para perder y, si las cosas no salen como se espera, pueden sentir que están peor que antes y pueden surgir reproches y cuestionamientos, tanto hacia sí mismos como hacia la tarea del consultor.

➤ **Usted habló anteriormente de dos organizaciones, la familia y la empresa. ¿Cómo se concilian o compaginan los cambios de una y otra a lo largo del tiempo?**

Tanto en las familias como en las empresas, existen cambios naturales determinados por el paso del tiempo. Si bien cada familia y cada empresa son singulares, se pueden describir ciertos patrones que resultan comunes a la mayoría de las familias. Tanto las familias como las empresas cambian y, sin embargo, siguen siendo las mismas aun sin serlo, otra combinación interesante entre el cambio y la estabilidad.

Kerlin Gersick describió muy bien estos procesos al proponer el modelo tridimensional,[32] según el cual se puede visualizar la correspondencia en la evolución de cada subsistema, familia, propiedad y negocio. Por supuesto, este es un modelo y, como todo modelo, es un esquema que nos ayuda a pensar y comprender, pero no refleja la situación específica de una familia o una empresa en particular (véase el Anexo para consultores). Estos cambios no son abruptos ni pueden serlo. Necesitan tiempo y paciencia de todos, tanto de las generaciones más antiguas como de las más jóvenes.

---

32 Gersick, K. y cols., 1997.

> ➤ **¿Se pueden describir algunos patrones en los cambios evolutivos de las empresas familiares?**

Lo dije en varias oportunidades y voy a insistir en este punto. Los modelos no reflejan la realidad de la vida. Son un punto de partida para comenzar a pensar y poner un poco de luz sobre sistemas complejos. Para tener un acercamiento veraz, tenemos que interiorizarnos de cada situación en particular; la que debiera predominar siempre es la situación de la empresa familiar y no el modelo. Describir patrones o modelos, como lo explicaré en el Anexo para consultores y no consultores, solo hace que los consultores encontremos situaciones que nos parezcan familiares.

Podemos describir "patrones", según las diferentes etapas del ciclo de vida de la empresa y de su correlato en la familia.

ETAPA 1. Los comienzos

Un joven parte de una idea, un fantasía que transforma en proyecto. Él no lo sabe, pero alguien lo va a definir como "emprendedor". Se instala habitualmente en algún lugar de su casa en el que pone un taller o una oficina. ¿Para qué lo hace? En general, para asegurar un ingreso propio, para alejarse de la relación de dependencia, para asegurarse autonomía, tanto en el plano económico como en la toma de decisiones. Suele ser una persona sola, tal vez un matrimonio o quizás un par de socios (hermanos o amigos). En este último caso se suelen constituir sociedades de hecho, y rara vez se protocoliza legalmente en los comienzos (en los momentos de idilio, pocas veces se piensa en cómo se procederá para la disolución).

En general, se trata de gente joven, de 25 a 30 años, sin hijos o con hijos pequeños. La idea de una empresa familiar no existe aún o es una fantasía lejana. Esa idea todavía no está en la cabeza del emprendedor, ya que su mente está focalizada en salir adelante. Suelen ser años muy duros económicamente; de mucho esfuerzo, de mucho trabajo, con un emprendedor multitarea.

Las características son:

- Nacimiento espontáneo, un deseo, una ilusión, una fantasía, edad entre 25 a 30 años, sin hijos o con hijos pequeños.
- Deseo de independencia económica y en la toma de decisiones.("No depender de un jefe").
- Años económicamente muy duros, demanda mucho tiempo, mucha energía y privaciones, ya que –cuidando lo esencial– todo lo que ingresa se reinvierte en el negocio.

En lo emocional: Placer por el éxito, miedo al fracaso.
El objetivo: Sobrevivir.

ETAPA 2. La sustentabilidad

Aquellos temores de la primera etapa se van disipando, después de unos años el emprendedor está convencido de que el negocio marcha y puede continuar. Se instala ahora en un lugar independiente de su hogar. Sigue trabajando mucho, se incorporaron empleados que hacen algunas de las tareas, aunque él sigue estando en todo. Suelen aparecer los hijos, va surgiendo la idea de trascender a través de ellos; al comienzo, vagamente. El emprendedor piensa: "Todo esto lo hago por ellos" y "¿Por qué no pensar en que más adelante se incorporen al negocio?".

Las características son:

- El emprendimiento tiene forma de empresa, la estructura crece, pero también se hace más compleja.

- El emprendedor tiene de 40 a 50 años, ya está convencido de que la empresa puede andar, pero aunque ya no se ocupe de todo, sabe que no puede bajar los brazos ni dejar de estar atento.
- Mayor holgura económica.
- Hijos más grandes, de alrededor de 15 años; algunos se incorporan de a poco a la empresa, durante las vacaciones, pocas horas por día.
- Por confianza y debido a necesidades recíprocas, algún pariente ayuda.
- La estructura crece, es más compleja, surge la necesidad de ir definiendo funciones, ya no "todos pueden hacer de todo".
- Más atención a la gestión.

En lo emocional: Se siente más afirmado, seguro, experimentado. A veces le preocupa un poco si va a poder solo.

Los objetivos: Lograr la estabilidad, tanto de la empresa como de la familia, mantener la continuidad, buscar alternativas para crecer.

ETAPA 3. El crecimiento

Aquel emprendedor ya es un empresario. No perdió el espíritu ni el empeño, pero ha delegado infinidad de funciones, cuenta con un mayor plantel de colaboradores, acude a profesionales legales y contables para prevenir riesgos y hacer más prolijas las cuentas. Promueve y espera que alguno de sus hijos colabore. La idea de trascender a través de la familia por medio de la incorporación de sus hijos tiene más fuerza. Tenemos una empresa consolidada, tanto en lo interno como en el mercado.

Las características son:

- Empresa madura, fundador con un promedio de 55 años, hijos adultos jóvenes, alguno/s trabajando desde hace tiempo en la empresa.
- Se discuten estrategias, planes.
- Proyectos de profesionalización. La estructura y la gestión son más complejas, necesitan más atención.
- Ideas de retiro a medias por parte del fundador, ambivalencia.
- En la nueva generación, necesidad de crecimiento y afianzamiento, ambivalencia.
- Pueden surgir conflictos intergeneracionales.

En lo emocional: Satisfacción por lo logrado, aunque nunca del todo conforme. Tratando de disfrutar más de lo que consiguió, como muchos le recomiendan. Cierta aprensión por el futuro, por su propia vida; quiere evitar que en el futuro haya problemas entre sus hijos. Preocupado por cómo transmitir a sus hijos la cultura del esfuerzo.

Los objetivos: Hacer una ordenada transición generacional, patrimonial y de la dirección, mantener la armonía y la integración de la familia.

ETAPA 4. Transición y expansión

Aquel emprendedor del comienzo es una persona mayor con una empresa fuertemente consolidada, en algunos casos, con diferentes unidades de negocios o diversificada. Estabilizada económicamente, de estructura compleja, con mayor burocratización. Gestión profesionalizada y en muchos casos con directivos no familiares. Más de una generación de la familia en puestos directivos, diferentes ramas familiares –en casos de familias grandes–. En ciertas ocasiones, la estructura alcanza la envergadura de un grupo empresario, con empresas importantes en diferentes rubros. Equipo directivo profesional.

Las características son:

- Empresa consolidada, expandida, diversas unidades de negocio, fundadores mayores (de 60 a 65 años). Hijos adultos. En algunos casos, conviven tres generaciones trabajando en la empresa.
- Habitualmente el recambio directivo se ha realizado.
- Si no se hubiera realizado en una etapa anterior, la sucesión patrimonial es una necesidad impostergable.
- Mayores riesgos de conflictos intrafamiliares.

En lo emocional: Orgullo por el logro, temores por su futuro. Retirado o ante la incertidumbre del retiro, continúa preocupado por la relación entre los hijos y –quizás– con los primos.
Los objetivos: Expandirse, crecer y –para las nuevas generaciones– sentirse propietarios y… otra vez sobrevivir.

➢ **Todo esto es muy claro, pero ¿es tan lineal como usted lo describe? ¿Dónde encontramos esa complejidad sobre la que nos habló anteriormente?**

Si aceptamos que a las empresas familiares las podemos definir como un sistema social complejo, es posible tomar en cuenta algunas de las ideas que rodean a este concepto. Por ejemplo, que los sistemas biológicos (de eso se trata un sistema social) son conservadores; es decir, por su propia naturaleza tienden más a conservarse que a cambiar, los cambios están en función de su supervivencia.

Entre los teóricos sistémicos, se discute si los sistemas tienen objetivos, propósitos o una razón de ser. Algunos afirman que sí los tienen, otros que no, que los sistemas son lo que son. Eludiendo entrar en esa discusión teórica, digo que los sistemas "prefieren" conservarse que cambiar. Ninguna de las partes de un sistema biológico se "junta" con las otras partes a "pensar" qué pueden hacer para salir de la situación en la que están o cómo pueden mejorar su momento actual. Simplemente actúan según estén determinados biológicamente.

Los seres humanos, además, tenemos emociones, deseos, expectativas; disponemos del lenguaje, construimos cultura, creamos discursos y ficción, creemos en cosas que no sabemos si existen y confiamos en intangibles como el valor del dinero.

Estas adquisiciones –que los seres humanos fuimos incorporando a través de la evolución de millones de años– nos permitieron crear todo lo que existe en el mundo y que no nos ha sido dado por la naturaleza. Y nada de esto nos ha hecho perder nuestras características biológicas.

Con todo este bagaje encima es que las familias desarrollan sus empresas familiares. Entonces, naturalmente encontramos ideas, emociones, planes, expectativas, deseos de cambio y tendencias conservadoras. De ahí que no tenemos por qué sorprendernos de encontrar resistencia frente a las propuestas de cambio, ni tampoco rotularlas negativamente, ni pensar mal de las personas que interponen sus reparos. Es parte de la naturaleza de las empresas familiares.

En las familias aparecen y desaparecen personas y sigue existiendo la familia. La empresa puede cambiar sus directivos, puede mudarse, puede cambiar de rubro, etc., y seguirá siendo la empresa. Aquí estamos hablando de la organización. Todos estos elementos juntos definen la organización. La forma particular en la que se relacionan en un sistema determinado define su estructura. La estructura puede cambiar mientras la organización permanece estable.

Esta es la razón del título del capítulo –"Cambio y estabilidad"–. Con respecto a las empresas familiares como sistemas sociales humanos, no podemos hablar de los cambios sin hablar de la estabilidad –lo que se conserva–. Incluso en el diagrama tridimensional de Gersik,[33] que se focaliza en los cambios evolutivos, el medio en el que todos esos cambios ocurren es un marco de estabilidad a través del tiempo.

Este aspecto complejo del funcionamiento de los sistemas nos permite comprender, con mayor claridad, las dificultades que se presentan en los procesos de cambio en las empresas familiares. Se suelen olvidar los aspectos conservadores de los sistemas, que suelen interpretarse como "resistencias al cambio", cuando en realidad son parte constitutiva de los sistemas.

Por eso, cuando hablamos de cambio organizacional, no podemos hacerlo separado de la estabilidad.

➢ **Habitualmente se insiste mucho en el tema de la "resistencia al cambio" como una traba. Sin embargo, usted nos está brindando otra versión sobre el asunto, que resulta interesante. ¿Puede extenderse un poco más sobre el tema?**

Sí, voy a acudir nuevamente a la ayuda de Maturana[34]:

> *La característica de los sistemas sociales, que sus miembros sean seres vivos, los convierte en sistemas conservadores, ya que la misión de los seres vivos es conservar la vida. La naturaleza de los sistemas sociales es la de ser conservadores. Aunque todo sistema social es constitutivamente conservador, todo sistema social está también en continuo cambio debido a la pérdida de miembros por muerte, incapacidad o migración y la incorporación de nuevos miembros con características e historias diferentes de las de los otros miembros. El devenir histórico de cualquier sistema social es siempre el resultado de estos dos procesos: conservación y cambio. Debido al carácter conservador de todo sistema social, toda innovación social es, al menos*

---

33 Gersick, I.; Kelin E., Davis, J.; Mc Collom Hampton, M.; Lansberg, I., 1997.
34 Maturana, H., *op. cit.*

inicialmente, resistida y a veces, de manera extrema[35]. *Por esto, una innovación social se impone solo, o por seducción, o porque los nuevos miembros no pueden evitar crecer en ella.*

➤ **¿Entonces usted nos quiere decir que la llamada "resistencia al cambio" es parte de la naturaleza de los cambios?**

Exactamente. Siempre vamos a encontrar personas que van a poner el pie en el acelerador –promueven los cambios– y personas que van a poner el pie en el freno –interponen reparos–. Todos hacen falta. Muchas veces los que avanzan no advierten las señales de peligro ni los riesgos, y los que frenan nos ayudan a prestar atención a estas señales. Todos hacen falta. Cualquier propulsor de un cambio, para llegar a buen puerto, debe aprender a lidiar con los "resistentes" que seguro encontrará; a no rechazarlos, a no enfrentarlos, a aceptar que son inevitables y hasta necesarios. Nada hay que disminuya más la resistencia a un cambio que escuchar los argumentos de los "resistentes".

➤ **Nos dijo más arriba, cuando mencionó a Kahneman, que iba a ampliar sobre los aportes de este autor.**

Daniel Kahneman no escribió específicamente sobre los cambios, pero sí investigó y escribió sobre las preferencias

---

35 El resaltado es del autor.

en el momento de tomar decisiones. Frente a las situaciones de cambio, estamos siempre expuestos a opciones ante las cuales hay que decidir, ya sean los cambios previstos o planificados, o bien imprevistos. Cualquiera sea el caso, tendremos que tomar una decisión, y cualquier decisión implica una toma de riesgo, ya que puede resultar bien o no. Kahneman estudió la actitud frente al riesgo.

Estos estudios agregan complejidad al tema del cambio en las organizaciones. Supongamos que los directivos de una empresa deciden un cambio (instalar un tablero de comando, lanzar al mercado un nuevo producto, reemplazar a un ejecutivo importante, mudar las oficinas, habilitar una planta nueva; o bien la familia tiene que decidir por un nuevo director, o si las utilidades se distribuyen o se reinvierten). Cualquiera de estas situaciones trae consecuencias, sin garantía alguna por el resultado; por lo tanto, representan riesgos. Aquí aparecen dos fenómenos diferentes: por un lado, tenemos el modo en que se describe el cambio que se va a realizar (se puede enfatizar lo que se va a ganar o se puede enfatizar qué es lo que se va a dejar de lado). Esta simple diferencia puede predisponer de una manera diferente a las personas que tienen que implementar el cambio; puede ser percibido como una "ganancia" o como una "pérdida", según como sea presentado el tema. Si aceptamos –como decíamos antes– que los sistemas son naturalmente conservadores, la sola idea de "perder" nos puede colocar en una situación reticente ("¿Para qué, si así estábamos bien?").

Kahneman[36] afirma:

> *Se trata en realidad de que, aun cuando tratamos de ser fríamente lógicos, damos respuestas radicalmente diferentes al mismo problema, cuando este está planteado en términos ligeramente distintos. La gente trata de evitar los riesgos cuando busca la ganancia, pero*

---

36 Kahneman, D., *op. cit.*

elige el riesgo si se trata de evitar una pérdida segura. Evita riesgos cuando trata de salvar vidas, dinero, puestos de trabajo, porciones de mercado, rentabilidad; pero los elige si cree que puede haber pérdidas seguras en esos mismos temas.[37]

Y agrega Kahneman algo muy interesante que tiene que ver no solo con las situaciones en sí, sino con la percepción de las situaciones: "...las pérdidas son percibidas siempre como mayores que las ganancias". No importa si en los procesos hay más ganancias que pérdidas, siempre las pérdidas se sufren con mayor intensidad que la satisfacción por las ganancias.

Aquí, algunas conclusiones interesantes sobre estos aportes: Cuando se propone un cambio, se debe tener cuidado con la forma en que se presenta o se expone; vamos a encontrar personas que pueden percibir más lo que van a perder que lo que van a ganar, o viceversa. De allí que será diferente el grado de compromiso para la implementación. Lo que a uno le puede parecer un cambio maravilloso, a otro le puede parecer un riesgo innecesario. Recomiendo estar muy atento a estas cuestiones.

> ➤ **¿Unas palabras para cerrar el capítulo?**

Para llevar adelante cambios, se necesita que haya acuerdo y compromiso por parte de todos los miembros de la familia, para que aquellos no sean conflictivos y sí exitosos. Muchas veces nos encontramos con emociones profundamente arraigadas en el seno de la familia, que no contribuyen a ese acuerdo necesario. Antiguos rencores pueden dificultar las cosas.

Por otro lado, la falta de comunicación y de información sobre las propuestas de cambio generan prevenciones, simplemente por ignorarse los objetivos y los beneficios. Existen

---

37 *N. del A.*: Algo así como "perdido por perdido".

falsas creencias sobre la confidencialidad de la información, una tendencia al secretismo en las empresas familiares.[38]

En síntesis, los cambios son constitutivos de las empresas familiares, aunque la dirección y el resultado van a depender de la estructura de la familia/empresa y de cómo esté preparada para afrontarlos. Advertencia: ninguna empresa sobrevive en estado de cambio permanente, así como tampoco sobrevive en la inmovilidad absoluta "peleando contra" las situaciones de cambio.

Lo que vemos en lo cotidiano es que, a pesar de las dificultades, las empresas familiares sobreviven en el tiempo, más que otro tipo de empresas, quizás con mayor esfuerzo y más desgaste emocional. La mayoría de las dificultades pueden allanarse con trabajo y paciencia. Muchas veces las familias/empresas necesitan ayuda externa para salir adelante, aunque la mayoría de ellas tienen los recursos necesarios, solo que a menudo no lo saben.

---

38 Barret, J., 1998.

IMPORTANTE

- Existen cambios evolutivos tanto en la familia como en la empresa.
- Encontramos cambios imprevistos y cambios planificados. Los imprevistos pueden responder a dinámicas propias (enfermedad o desaparición física de un miembro de la familia, decisiones de gestión, problemas legales, conflictos entre los miembros de la familia) o responder a razones externas (decisiones del gobierno, situaciones del "mercado", cambios en reglas internacionales).
- Los cambios previstos están relacionados con un proceso planificado, pensado en función de generar un progreso en el funcionamiento de la empresa familiar. La repercusión depende de la cantidad de áreas que involucra y la cantidad de personas a las que alcanza.
- Puede haber cambios de alcance menor (cambio del encargado de un área), de alcance medio (cambio de todo el sistema informático) o de gran alcance (cambio de rubro, cambio de dirección, incorporación de socios, venta total o parcial de la empresa).
- Sea lo que fuese que motive el cambio, salir airoso del mismo depende de cuán aceitada y sana esté la organización de la empresa y de la familia.
- Cuando las cosas están mal, cualquier cambio que mejore la situación, aunque sea un poco será considerado un éxito.
- Quizás los cambios más inciertos sean cuando las cosas están bien y se planifican modificaciones para estar mejor: hay más para perder si las cosas no salen bien.
- Cambios críticos suelen ser: la decisión de incorporar la nueva generación, la transición de la dirección, decidir entre un endeudamiento externo o usar el patrimonio de la familia, continuar o vender.

CAPÍTULO 3

Psicología del liderazgo

> ➤ **El liderazgo en una empresa familiar pareciera ser a simple vista un tema bastante claro. ¿Es así?**

Es un tema para nada claro. Influye en esta falta de claridad la mentada confusión familia/empresa. Existe una tensión generada por la integración de dos organizaciones con orígenes y tiempos históricos diferentes (la familia, una organización con pautas de funcionamiento "primitivas", y la empresa, una organización con pautas modernas –burocracia, organigramas, planificación–). Desde este punto de vista, pensar "el liderazgo" como un concepto único en las empresas familiares suele traer por lo menos confusiones.

En una obra anterior expresé:

> *En la sociedad hubo una transformación, se pasó de los reyes todopoderosos, imbuidos de un derecho natural, a los jefes de Estado modernos. También hubo una transformación desde el líder carismático a los líderes preparados. Se ha dejado de pensar que un líder era líder solamente porque disponía de una serie de cualidades personales, ahora pensamos en el ida y vuelta de una relación.*[39]

Esta transformación se da en menor intensidad en las empresas familiares, justamente por la interacción mencionada de dos estructuras organizacionales muy diferentes. La herencia de los cargos directivos todavía –aunque cada

---

39 Press, E., 2005.

vez menos– es muy parecida a aquella de las monarquías tradicionales. Sin embargo, las empresas familiares no pueden aislarse de las transformaciones, puesto que la sociedad en su conjunto ya no cree en esos líderes naturales. Se pueden heredar los cargos pero no el liderazgo.

En las familias suele respetarse la figura del patriarca o, en su caso, la de la matriarca, de quien dicta lo que se ha de hacer y cuya palabra casi nadie cuestiona. El líder en la familia es quien mantiene la cohesión y transmite los valores, el que enseña a querer a la empresa más allá de los beneficios económicos que esta pudiera generar.

> *Es bastante común que las nuevas generaciones sean indiferentes al negocio, aun cuando este ha sido producto del esfuerzo de años de trabajo del padre o del abuelo. Si el líder logra atraer el interés de los miembros jóvenes, en determinado momento podrán estos ejercer nuevos liderazgos y tomar las riendas, permitiendo la trascendencia generacional de la compañía.[40]*

Los problemas surgen cuando se quiere trasladar el patriarcado/matriarcado que es natural de las familias al ámbito de la empresa, ya que esto es fuente de infinidad de situaciones conflictivas.

Si me permiten los lectores, voy a ir un poco más atrás para definir a qué me refiero cuando hablo de liderazgo. El liderazgo es función de un grupo, es una función relacional, nadie es líder en soledad o aislado de otros, y mucho menos alguien puede proclamarse líder si no es convalidado como tal por otros. Desde ese punto de vista, entonces, no podemos evaluar el liderazgo solamente como una aptitud inherente a una persona, sino como la capacidad de esa persona para vincularse con otras.

En la misma obra anterior expresé:

---

40 Rizo Rivas, M., *op. cit.*

*Llevar adelante una organización significa conducir personas y to-
mar decisiones. Si lo vemos desde el punto de vista de la comunicación, un líder, un conductor, es la persona a la que se escucha. Sus
conversaciones son las más escuchadas y más tenidas en cuenta. La
mayoría de las veces esta persona coincide con el puesto de máxima
jerarquía en el organigrama de una organización. Otras veces no es
así: la persona más escuchada no es la máxima autoridad.*[41]

Puedo agregar hoy que la persona más escuchada "ca-
sualmente" es la que más escucha. Es común –cuando se
conversa con el personal de cualquier empresa y de cualquier nivel jerárquico– que hablen de su satisfacción cuando su superior es una persona que los escucha. Quizás, escuchar sea la cualidad más importante de un líder, junto
con la de saber elegir a sus colaboradores. Los que accedie-
ron a un puesto pero no lideran eligen a mediocres. Los
líderes seguros y convencidos eligen a los mejores.

Max De Pree afirma:

*Además de todos los porcentajes, metas, parámetros y plazos, es fun-
damental que los líderes se formen un concepto de las personas.
Comprender y aceptar la diversidad nos permite ver que cada uno de
nosotros es necesario. El simple acto de reconocer la diversidad en la
vida empresaria nos ayuda a vincular la grana variedad de dones
que la gente trae al trabajo y al servicio de la organización.
Sin gente los líderes no son necesarios.*[42]

> ➤ **Cuando hablamos de liderazgo ¿cómo saber si hablamos
> de lo mismo?**

Depende mucho de los autores y de cuál sea su experiencia
en el tema. Creo que sería un error pensar el liderazgo de
una sola manera, incluso pensar que las organizaciones necesitan un solo tipo de liderazgo. En un mismo grupo, o en
una misma organización, puede haber diferentes liderazgos,

---

41 E. Press, ibídem.
42 De Pree, M., *op. cit.*

según los objetivos que se trace ese grupo y según sus momentos evolutivos. Para cierto objetivo y en un momento determinado, puede ser necesario un tipo de liderazgo, y en otro momento, para otro objetivo, puede ser necesario un liderazgo diferente.

> **¿Podría darnos ejemplos?**

Veamos un par de situaciones, tanto en las familias como en las empresas. Por ejemplo, un matrimonio con tres hijos. El marido siempre fue un emprendedor, con ideas originales para generar negocios, pero un pésimo administrador, desordenado para los números. La esposa es mucho más disciplinada y ordenada. Para generar negocios, el marido lidera. Para administrar lo que esos negocios producen, la mujer lidera. Por supuesto que es necesario, como dije antes, que ambos acepten el liderazgo del otro.

En otro de los casos, se trata de una empresa familiar gestionada por tres hermanos varones, uno de los cuales vive en el exterior y participa de las decisiones estratégicas, así como de los planes anuales de la empresa. Uno de los otros dos hermanos se ocupa de la administración y el contacto con el afuera (clientes y proveedores), mientras que el otro atiende los procesos de producción y el contacto con los encargados y los empleados. Este último, por sus funciones, ha desarrollado con el personal un vínculo mucho más cercano que el otro hermano.

Así las cosas, nos encontramos con dos tipos de liderazgo diferentes, funcionando armónicamente. En cierto momento, y frente a una situación conflictiva surgida con dos empleados infieles, hubo que tomar medidas disciplinarias muy severas, para las cuales el hermano más cercano al personal se sentía limitado. Entonces, y para esa acción específica, tomó la posta el otro hermano y lideró el proceso de desvinculación de esos empleados.

> ¿Líder se nace o se aprende a serlo...?

No soy amigo de ese tipo de definiciones tajantes. Todo es necesario, la gente algo tiene –llamémoslo carisma, aptitud, actitud, condiciones necesarias aunque no suficientes–. Lo que se trae como condición natural necesita afirmarse en cimientos sólidos que tienen que ver con el aprendizaje.

Como dicen muchos creadores, un diez por ciento de inspiración y un noventa por ciento de transpiración. Me viene a la mente una frase atribuida a Bernard Shaw: "Si has construido castillos en el aire, déjalos allí donde están. Ahora solo debes construir los cimientos debajo de ellos".

Si bien hay personas que parecieran nacidas para ser líderes, para ejercer autoridad, lo cierto es que la mayoría de las personas que ocupan posiciones de liderazgo, ya sea en naciones, grandes y pequeñas organizaciones, empresas, etc., lo hacen a través de una exigente y disciplinada preparación. Hay algunos recorridos para llegar a liderar. Es necesario que alguien quiera hacerlo, eso hace a la motivación del líder; luego es necesario que crea que puede hacerlo, esto está vinculado con la autoestima; seguidamente es bueno saberse líder, reconocerse como tal, hace a la identidad; y finalmente todo esto es posible si uno sabe hacerlo, es decir si hay capacitación.[43]

Lo indiscutible es que el liderazgo –desde el de los faraones hasta el de una pyme de barrio– tiene que ver con el arte de conducir personas. Tarea muy difícil y complicada. Mucho más si, además, está la familia de por medio.

> ¿Por qué es más complicado con la familia de por medio?

Como vimos, no es lo mismo una familia que una empresa. Sin embargo, en una empresa familiar se mezclan ambas instituciones. Ni en la familia se puede hacer como en la empresa, ni en la empresa se puede hacer como en

---

43 Press, E., 1997.

la familia. En ese punto es donde pueden surgir los problemas, al extrapolar los modos de funcionamiento de un sistema y volcarlos en el otro.

En uno de los primeros capítulos hablamos de las relaciones simétricas y complementarias, y también definí en ese momento la relación padres e hijos como siempre asimétrica (los padres están en un nivel diferente del de los hijos). Eso vale para el ámbito de la familia, pero ¿vale para la empresa?

Afirmo que no necesariamente. La empresa tiene reglas diferentes de las de una familia. "En esta casa, estas son las reglas, porque somos los padres los que decidimos": esta regla no cabe en el ámbito de la empresa, pero puede ocurrir que se quiera ejercer el poder desde la posición de ser dueño. Es una alternativa posible. Pero ¿es funcional para la empresa? En general, este tipo de imposiciones en calidad de *pater familias* no suelen ser funcionales para la gestión de la empresa.

Así es como uno encuentra adultos de alrededor de cuarenta años, casados, ya padres, teniendo a cargo funciones de responsabilidad en la empresa familiar pero incapaces de tomar una decisión por "qué dirá mi papá" o "qué dirán mis padres".

En mi experiencia, la sumisión no es una buena herramienta de gestión.

> ➤ **¿Qué otro tipo de complicaciones observa en las empresas familiares?**

Quizás la más seria sea cuando sucede que un miembro de la familia descalifica o desautoriza a otro miembro de la familia frente al personal. En general suele hacerlo alguien de la generación más antigua con otro de la generación siguiente, pero puede darse también a la inversa, aunque es menos común.

Suelen darse otras situaciones también interesantes. Por ejemplo, un padre fundador, o segunda generación de una empresa fundada por un abuelo o un bisabuelo. La nueva generación asumió formalmente la dirección de la empresa, pero... ¿qué hacer con ese padre/abuelo? Suele ser una persona mayor que dedicó toda su vida a la empresa, que no conoce otro mundo, que en su casa no está cómodo, que no tiene costumbres "hogareñas" y entonces va todos los días a la empresa. No tiene funciones ejecutivas ni de otro tipo (o, en todo caso, tiene un cargo honorífico o simbólico). Va a la empresa porque si no, no sabría qué hacer con su tiempo. ¿Y qué hace? Nada concreto; pasea por la empresa, conversa con los empleados, pregunta cosas de las que se olvida con frecuencia, y vuelve a preguntar lo mismo. Los empleados –muchos de los cuales ingresaron cuando este hombre estaba al frente de la empresa– lo respetan y le prestan atención, pero en definitiva molesta y nadie sabe muy bien qué decisión tomar al respecto.

Recuerdo una empresa de transportes muy grande, con una flota de camiones importante que hacía viajes por todo el país. El padre, un hombre mayor, todavía estaba al frente de la empresa y controlaba las cosas personalmente. Los hijos, ya adultos, comentaban, entre la gracia y la preocupación, que muchos datos de los viajes de los camiones su padre los tenía "en la cabeza" y que no usaba otros registros porque "toda la vida lo hizo así". Me decían: "Si un día le llega a pasar algo antes de cambiar las cosas, se nos arma un lío fenomenal".

> **Imagino que debe encontrarse con muchas de estas situaciones. Según su experiencia, en estas empresas, ¿hay momentos más críticos que otros, en relación con el liderazgo?**

Si por un momento dejamos aparte los problemas comunes a cualquier empresa, diría que las situaciones más críticas tienen lugar durante la convivencia de las generaciones. A pesar de la existencia de organigramas formales o designaciones también formales, en la práctica, la distribución de tareas y la definición de funciones suelen ser desordenadas durante bastante tiempo.

Si bien trabajar en la empresa familiar conlleva una serie de beneficios para todos, en cuanto al liderazgo pueden aparecer algunas dificultades. Por ejemplo, lo que algunos llaman "síndrome del hijo del patrón".

> **¿Qué quiere decir?**

Ser el "hijo del patrón" es entrar en una categoría que puede tener valoraciones tanto positivas como negativas. Se puede valorar o descalificar a una persona por el solo hecho de ser el hijo del dueño y no por sus propias aptitudes. Esto no depende de la voluntad de nadie en particular, no podemos encontrar un "responsable", sino que son cosas que simplemente se dan porque son propias de las empresas familiares.

Otras situaciones muy propias de la psicología de las empresas son aquellas que llamo "el peso de la antorcha". Con esto me refiero al caso en que las cosas se hacen del mismo modo que "como las hacía papá", un papá que habitualmente ya no vive. Es decir, es una especie de homenaje póstumo, "no se toca nada" de "su" modo de hacer las cosas. Así, uno encuentra empresas que funcionan pero que están estancadas, como detenidas en el tiempo. En esos casos, pareciera que modificar las cosas sería algo así como "profanar la memoria de papá".

Esto no solo es aplicable a las empresas. Recuerdo a unos clientes que habían heredado la empresa y otras propiedades, muchos años antes. Lo curioso es que hacía varios años que las propiedades estaban desocupadas y no ofrecían ningún tipo de renta; por el contrario, su mantenimiento ocasionaba gastos, y sin embargo no se tomaba ninguna iniciativa para modificar la situación. Estaba todo tal cual había quedado en vida del padre, fallecido hacía ya ¡¡¡treinta años!!!

Otro caso parecido ocurrió en una empresa de otro rubro. Los propietarios eran dos hermanos, y la empresa había sido fundada por el padre, fallecido cinco años atrás. Como corresponde, y en forma equitativa, cada uno de los hermanos heredó el 50% de los bienes del padre (la madre había fallecido unos años antes). En realidad, "la" empresa constaba de dos empresas que podían funcionar en forma independiente, aunque una de ellas era proveedora de la otra.

En vida del padre-fundador este manejaba los asuntos de ambas empresas como si fuese una sola; en una colaboraba el hijo mayor, y en la otra, el hijo menor. Al fallecer el fundador, cada hermano quedó al frente de la empresa en la que colaboraba con su padre. Cada uno era propietario del 50% de las acciones de ambas empresas.

Todo estaba tal como cuando vivía el padre, pero con la diferencia de que él ya no estaba. Los hermanos tenían actitudes y estilos de gestión diferentes, de modo que una de las empresas crecía y la otra era deficitaria.

Ambos hermanos repartían los beneficios por partes iguales. El más activo –que hacía crecer su empresa – se quejaba de tener que "repartir sus ganancias" cuando el otro "repartía sus pérdidas". Los consultores hicimos una evaluación, y coincidimos en que el mayor problema consistía en la dificultad que existía para desarmar la herencia que había dejado el padre fundador. Era tan fuerte el mandato del fundador ya desaparecido, que la posibilidad de modificar las cosas no podía ser concebida por los hermanos. Este es el sentido del "peso de la antorcha": hay que mantener la "llama viva", sin importar cuáles sean las condiciones o las necesidades del momento actual.

De un modo indirecto, estas cuestiones inciden en la gestión y hacen ineficiente el funcionamiento de la empresa, porque afectan el crecimiento y la individuación de las nuevas generaciones, lo que se traduce en dificultades en la toma de decisiones.

➢ **Algunos autores y/o consultores recomiendan que los hijos comiencen su experiencia laboral en otras empresas y no en la empresa familiar. ¿Cuál es su opinión?**

Como sucede con tantas otras cosas, esta situación puede encararse de una manera o de otra, con beneficios y desventajas en ambos casos. Las nuevas generaciones tienen que superar los prejuicios y las argumentaciones negativas de lo que llamo "entrar por la puerta grande". Este proceso de superación de prejuicios puede dificultar el despliegue o la ejecución de liderazgos claros y eficaces en las empresas familiares. Se suele atribuir como un "privilegio" no tener que hacer el esfuerzo de los emprendedores, no tener que pasar por entrevistas de búsquedas, ni deambular repartiendo currículums, ni estar en contacto con consultoras. No tener que "pelearla desde abajo".

Es cierto que son privilegios. Pero eso, ¿es negativo? Lo es en cierto modo, porque esa condición está presente en los que miran desde afuera e incluso en los mismos protagonistas. Muchos hijos se sienten "acomplejados" por esto y se autocuestionan o se autodesvalorizan. Este sentimiento, en general, suele ser injusto, porque si bien muchas de las objeciones son ciertas, también es cierto que, al menos en los últimos años, a los nuevos gestionadores se les exige una mayor preparación, quizás, justamente, por no haberla "peleado" desde abajo. También se les exige más que a otros, se les exige que sean ejemplo. Las ventajas se pueden convertir en una carga muy pesada, con mucha facilidad.

Sin embargo, la confianza, el amor por la empresa, la lealtad, el hecho de "tener puesta la camiseta" de la empresa, son atributos que no es fácil obtener desde el comienzo en empleados que no son familiares. Es común escuchar de los jóvenes dueños afirmaciones como "Para mí la empresa es parte de mi vida", "Crecí con la empresa", "Hay empleados que me tuvieron en brazos cuando era chiquita". Este es un valor agregado que no lo puede dar otro tipo de situación.

En los últimos años, la profesionalización de la empresa, la creciente valoración de las aptitudes y la preparación, por sobre los lazos de sangre, diluyen los efectos negativos de esas cuestiones. En los protocolos se incluyen, habitualmente, requisitos importantes para la incorporación de familiares a la empresa. Hay mayor conciencia de que, si no se hace de esta manera novedosa, la empresa no puede ser competitiva.

> ➢ **Actualmente se habla mucho de contratar directivos no familiares para gestionar la empresa familiar. ¿Nos puede comentar algo sobre el tema?**

Sí, es un tema sobre el que se comenzó a hablar en los últimos años. En primer lugar, las empresas familiares muy grandes que se han convertido en holdings o multinacionales, hace mucho que han incorporado personas no familiares a sus cuerpos directivos. Las familias continúan en sus roles de accionistas, pero dejan la gestión en manos de otras personas. Esto, por lo general, funciona bien. Si surgen problemas, pueden tener que ver con una mala elección de la persona (como sucede en tantas otras empresas no familiares), aunque la mayoría de las veces tienen que ver con desacuerdos en la familia y las consiguientes instrucciones contradictorias que recibe el directivo no familiar.

El tema de la incorporación de un directivo no familiar en las pequeñas y medianas empresas es un poco más complicado, porque no suele haber un grupo numeroso de accionistas, porque la gestión está en manos de una o dos personas (generalmente, de la generación más antigua) y, si bien pueden cubrir con directivos no familiares los puestos de gestión, es infrecuente que deleguen las decisiones importantes, aun las cotidianas. Estas personas ajenas a la familia suelen ser tomadas más como "colaboradores" que como las máximas autoridades.

Esta convivencia no suele ser fácil, principalmente para el no familiar, porque se le asignan tareas y responsabilidades, pero no se le otorga el "poder" para ejercer esas funciones, es decir, para poner en práctica aquello que la posmodernidad denomina "empoderamiento".[44]

Conozco buenas experiencias en empresas medianas, pertenecientes a familias grandes, en las cuales la presencia de un directivo no familiar reordena y ayuda a la organización de la gestión, aunque no sea la máxima autoridad. La mayor recomendación para el empleado no familiar es que sea muy cuidadoso con las alianzas. Lo más beneficioso será que, más allá de sus simpatías personales, se muestre equidistante de los miembros de la familia. Esa será su garantía de supervivencia en la empresa.

Otras empresas familiares que me han consultado no tuvieron experiencias exitosas. Elegían a un gerente general que fracasaba al cabo del año y medio o a los dos años de gestión. El fracaso, según mi punto de vista, no se debía a ineptitud ni a falta de preparación, sino a una debilidad en el contrato inicial. Por ejemplo, el caso de una empresa familiar con dos hermanos dueños y los hijos de ellos trabajando

---

44 Fortalecimiento de un individuo o grupo social desfavorecido.

en la empresa. Tenemos entonces hermanos, tíos, primos y sobrinos compartiendo el trabajo.

Como suele suceder, los dueños trabajaban "de dueños"; es decir, con múltiples funciones no bien definidas, muchas de ellas superpuestas con las de otros, y con la joven generación a cargo de diferentes áreas de la empresa. La relación de los dueños con esta generación era difícil, ya que convivían instrucciones contradictorias de los dueños, con quejas, reclamos y críticas variopintas por parte de la generación más joven.

En este caso, la solución que se encontró fue nombrar un gerente general para que funcionara como intermediario en la relación entre las generaciones (en el mejor de los casos) y como un "controlador" de los más jóvenes (en el peor de los casos). Aunque se trata de funciones para una persona entrenada en mediación más que en gestión, se buscó un "gerente general". Lo que se espera del gerente general de una empresa es que, además de contar con habilidades para manejar las relaciones interpersonales, conduzca la gestión de la empresa. Pero en estos casos la misión que se le encomienda es otra: "ocúpate de los muchachos". El fracaso se va a dar más temprano que tarde y la frustración será grande para todos. Para el gerente general, porque seguramente sus expectativas al tomar el puesto no se cumplieron, y para la empresa, por haber perdido una oportunidad de mejorar y haber "quemado" un recurso noble como el de tener un gerente general para la gestión.

> ➤ **Cuando se aborda el tema del liderazgo en las empresas, es casi obligatorio mencionar al líder "saboteador". ¿Existe también en las empresas familiares?**

En la bibliografía sobre el tema existe el tan temido líder saboteador, el que se opone a todo y pone "palos en la rueda" en forma permanente. Tuve la experiencia de organizar actividades de capacitación y trabajos grupales con empleados de algunas empresas. Una de las primeras preguntas que hacía, al reunirme con el dueño o con el gerente general de la empresa, era acerca de si se había detectado un "líder saboteador". El riesgo de buscarlo con insistencia es el de la "profecía autocumplida"[45], el de finalmente encontrarlo.

En las empresas familiares, el líder saboteador también existe. Habitualmente, cuando puedo intervenir, busco transformar esa energía negativa en actitudes y gestos que estén al servicio de la gestión. Del miso modo que un yudoca se apoya en la fuerza de su contrincante para vencerlo. Sin embargo, no siempre se puede. En esos casos recomiendo la desvinculación y, si eso no es posible, busco la convivencia tratando de diluir la virulencia del saboteo.

Cuando el "saboteador" es un miembro de la familia, la cosa se complica más. Los consultores de empresas familiares proponemos separar los asuntos de la familia de los de la empresa, de modo que sugerimos que los miembros de la familia sean tratados como cualquier empleado. Si alguno no "sirve" se lo excluirá. Ahora, el tema es que es muy fácil decirlo y muy difícil hacerlo. Son muchas las emociones que se cruzan en esas circunstancias, y determinarán que finalmente todo siga igual.

El protocolo familia/empresa, consensuado y aceptado por toda la familia, es una herramienta muy noble para prevenir y neutralizar los efectos de un "líder saboteador",

45 Watzlawick, P., *op. cit.*.

tanto si integra la familia como si es solo un empleado de la empresa. El protocolo establece normas de funcionamiento claras y procedimientos para actuar en caso de incumplimiento. Se evitan así las improvisaciones y las decisiones intempestivas o arbitrarias.

También debemos tener cuidado con el riesgo de la rotulación. Hay personas más osadas, que suelen ser las que lanzan las propuestas de cambio, aunque no suelen medir los peligros. También están las más cautelosas, que son las que ponen el pie en el freno y advierten de los riesgos de la propuesta. Si bien se pueden generar situaciones que molesten a una mayoría que apuesta al cambio, las objeciones del "saboteador" merecen ser escuchadas, aunque luego puedan ser desechadas. Cuando las objeciones son escuchadas en el ámbito adecuado, disminuye su poder de "daño". En mi opinión, todos son necesarios, tanto los que ven más allá y apuestan al futuro, como aquellos que llaman la atención sobre los inconvenientes.

Los encasillamientos siempre son peligrosos. Incluso, en una misma persona pueden convivir diferentes estilos de liderazgo, que se mostrarán según la ocasión. De la misma manera, en una empresa pueden ser necesarios diferentes tipos de liderazgo, según el momento evolutivo o según la necesidad del momento.

> ➢ **En las empresas dirigidas por hermanos, donde coexisten diferentes ramas de la misma familia, ¿puede haber liderazgos compartidos?**

Por supuesto que sí los hay, y funcionan muy bien si se dan ciertas condiciones para que el coliderazgo se desarrolle.

En primer lugar, los "socios" tienen que elegirse; puesto que el lazo de sangre no garantiza la relación, tienen que **querer** trabajar juntos. Luego está el tema de la confianza, no solo en cuanto a la honestidad y decencia, sino, fundamentalmente, en cuanto a que unos y otros puedan confiar recíprocamente en su capacidad y su aptitud.

No se trata de que los "colíderes" estén de acuerdo en todo, todo el tiempo. Más aun, tener diferentes puntos de vista sobre aspectos de la gestión puede resultar un valor agregado para la empresa. Lo importante es compartir los objetivos y la visión. Como dice el colega español Josep Tàpies,[46] "Se trata de buscar el éxito del negocio y no el de uno mismo". Dice Tàpies:

> *La confianza es esencial para que un sistema de coliderazgo pueda funcionar en cualquier empresa, y la de propiedad familiar no es una excepción. La confianza es la variable que más influye en el éxito del liderazgo compartido en las empresas familiares.*

También es muy importante que el resto de la familia se sienta representada y respalde a quienes se hacen cargo de liderar la gestión.

Hago mías las palabras de Tàpies:

> *En el fondo, la clave para que el coliderazgo funcione está en la personalidad de cada colíder y su capacidad de gestionar el ego. Si las personas que comparten silla no son compatibles en cuanto a forma de ser y de entender el liderazgo y el negocio, no habrá nada que hacer. Es importante que los colíderes tengan una visión y unos valores compartidos, y que practiquen la virtud de la humildad.*

En relación con el liderazgo, y con el coliderazgo en particular, son muy interesantes los aportes de David McClelland.[47] Según su Teoría de las Necesidades, distintos factores motivan a las personas en una función de liderazgo, y estas diferencias se expresan en acciones que apuntan a diferentes objetivos. Como producto de sus investigaciones, McClelland concluyó que existen tres necesidades básicas

---

46 Tàpies, J., 2017.
47 McClelland, D., y cols., 1976.

que mueven las acciones de los que gestionan: búsqueda de logro, búsqueda de poder y búsqueda de afiliación. McClelland define la necesidad de **logro** o **realización** como el impulso de sobresalir, de luchar por tener éxito. También caracteriza la necesidad de **poder** como la necesidad de hacer que otros se comporten de determinada manera, diferente de como hubieran actuado naturalmente. Finalmente, identifica la necesidad de **afiliación** como el deseo de tener relaciones interpersonales amistosas y cercanas.

McClelland investigó ampliamente, sobre todo, la necesidad de logro, sosteniendo que las personas que tienen éxito desarrollan una fuerza que los impulsa a sobresalir, a realizar bien las tareas y a ser los mejores en todo lo que se hace, pero no por el interés en las recompensas, sino por la satisfacción del logro, de realización.

La mayoría de los emprendedores de pymes familiares suelen tener una gran vocación de logro o realización, con el que hicieron crecer su empresa. Sin embargo, una necesidad de logro o realización no garantiza una buena administración, y las dificultades para delegar disminuyen su capacidad de influir en otros para que se desempeñen bien en sus puestos.

En ese sentido, las necesidades de afiliación y de poder tienden a estar más relacionadas con una buena administración. Los mejores administradores son aquellos que tienen grandes necesidades de poder y bajas necesidades de afiliación.

Los aportes de McClelland nos ayudan a entender cómo los coliderazgos pueden funcionar, puesto que diferentes actores pueden mostrar diferentes necesidades, y todas hacen falta para una buena gestión.

➤ **Suele vincularse la idea de liderazgo con el ejercicio del poder. ¿Nos puede comentar algo sobre este tema?**

El antropólogo estadounidense Gregory Bateson[48] sostuvo:

> *[...] El poder es una situación relacional. Alguien tiene poder si hay otro que lo otorga. ¿Entonces quién tiene el poder, el que lo otorga o el que lo recibe? Por consiguiente, no se puede tener un simple control unilateral del poder, siempre dependeremos de alguien para tomar decisiones.*

"Poder" no es un concepto unívoco, aunque habitualmente se lo asocie con la idea de imponer, con el uso de la fuerza. (Si a una audiencia se le pide que exprese un gesto simbólico de poder, muchos mostrarán el puño, en forma amenazante o injuriosa.)

Aun aquel todopoderoso que dirige una empresa o una organización –incluso un gobierno– necesita de un ida y vuelta con los otros. Nadie puede hacerlo solo; en la mayoría de las ocasiones es necesario conocer la opinión de los destinatarios de las decisiones, para tomarlas adecuadamente. Algunos lo llaman *consensuar*. Tanto consultar como consensuar son acciones que pueden ser tomadas como un signo de debilidad. Y, contrariamente, adoptar esta conducta fortalece los liderazgos.

Existen diferentes tipos de poder: el poder de la autoridad, el del conocimiento, el del cariño, el de la atracción, el de la experiencia, el de la empatía, el de la persuasión.

Se supone que ejercer el poder es conseguir hacer algo. Liderar, en cambio, es conseguir que sean otros los que hagan las cosas.

No todo vale para lograr que otros hagan cosas.

> *El arte de conducir, de liderar, de ejercer autoridad, está basado en el conocimiento, en la experiencia, en la capacidad para hacer participar a los otros, en la confianza propia y de los otros, en la motivación para hacerlo, en la capacitación, más que en el uso de la fuerza, la amenaza, el creerse el dueño de la verdad, el único poseedor del conocimiento y el conocedor de todas las respuestas.[49]*

---

48 Bateson, G., 1976.
49 Press, E., 1997, *op. cit.*.

IMPORTANTE

- Entiendo el liderazgo como parte de un proceso de relaciones entre personas. Nadie es líder en soledad.
- En general, el líder es la persona que más escucha y la que es más escuchada. Suele rodearse de los mejores. Genera confianza y transmite valores.
- Muchos líderes se propusieron serlo en algún momento, aunque siempre es necesario el reconocimiento de otros. Algunos líderes no se lo propusieron, sino que surgieron como tales en la evolución de un grupo.
- Existen –y son necesarios– diferentes liderazgos, tanto en la familia como en la empresa.
- En la familia, los líderes son los que sostienen la armonía y la unión. Suelen ser los de más edad y son componedores. A través de sus relatos se transmiten la cultura y las costumbres a las nuevas generaciones.
- Si bien es esperable que el líder de la empresa lo sea en todas las facetas, no necesariamente debe ser así. En la empresa son necesarios diferentes tipos de líderes; puede coexistir uno que lidere los negocios, con otro que mantenga el vínculo con los empleados, o con otro que puede ser el líder motivador.
- Los líderes suelen mostrar diferentes necesidades que los motivan, ya sea hacia el logro, hacia el poder o hacia la afinidad.
- Si existen diferentes ramas en la familia, en algunos momentos del ciclo evolutivo de la empresa, puede haber coliderazgos de hermanos o de primos. Incluso ciertos liderazgos pueden ser sostenidos por un directivo no familiar.
- Liderar la empresa familiar es lograr que se sienta el amor por la empresa; ése es el mayor y mejor motivador para las nuevas generaciones.

CAPÍTULO 4

Psicología de las situaciones conflictivas

➤ ¿Qué es un conflicto?

En la literatura existen abundantes definiciones de "conflicto" a las cuales los lectores pueden acudir. Cuando uno le pregunta a la gente común qué es un conflicto las respuestas son muy variadas, pero giran alrededor de lo mismo: dos o más personas –o instituciones, organizaciones, países, grupos– que no están de acuerdo y discuten, pelean o se agreden. Cuando repregunto cómo diferencian un problema o desacuerdo de un conflicto, las respuestas son mucho más difusas.

Por un lado, prefiero hablar de situaciones conflictivas para remarcar la idea de proceso, más que de un acto único (de lo cual hablaré un poco más adelante). Por otro lado, en la definición de conflicto es necesaria la participación de los protagonistas, es muy difícil definir desde "el afuera" una situación determinada como "conflicto".

Podemos suponer que cuando nos encontramos ante una situación con dos o más posiciones antagónicas,[50] ante una escalada irracional,[51] cuando existe la posibilidad cierta de daño personal, ya sea material o económico, o situaciones de desacuerdos intensos que permanecen estancados en el tiempo, estamos en presencia de una situación conflictiva.

---

50 Según Ury, W. y Fisher, R., 1985.
51 Bazerman, M., 1993.

> ➢ Imagino que la palabra conflicto debe de ser de las que más escucha en las consultas que le hacen las familias. ¿Cómo podemos pensar los conflictos en las empresas de familia desde la psicología organizacional?

Imagina usted bien. Como los lectores ya habrán apreciado, me interesa hacer una contextualización general del tema antes de entrar en cuestiones específicas. Los conflictos existentes entre los integrantes de la familia constituyen una de las consultas que con más frecuencia recibo, no solo por parte de la familia sino también de mis colegas consultores especializados en otros rubros (en su mayoría de gestión), que advierten que no pueden avanzar en su consultoría por los "líos" que hay en la familia. En esos casos, vamos trabajando en forma complementaria.

Otras veces es al revés, me llaman por grandes desacuerdos o peleas en la familia. Trabajando con ellos detecto que, además de las peleas, existen problemas de gestión, ineficiencias originadas mayormente en el desorden de los procesos de gestión y la falta de profesionalización en los procesos en general. En esos casos, soy el que convoca a los colegas para trabajar en forma conjunta. Es raro que se presente una situación que puede ser expresada como "antes hacemos esto y después lo otro"; en general, es un trabajo simultáneo enfocado en las áreas necesarias.

Es raro que las personas usen la palabra conflicto, sino que suelen contar lo que les pasa con sus propias palabras. Pero sí, podríamos resumir en la palabra "conflictos" el motivo de consulta más común.

> ➢ ¿Puede aclarar la expresión "es raro que se presente una situación que puede ser expresada como 'antes hacemos esto y después lo otro'"?

Sí, cómo no. A veces alguien puede pensar "hasta que no resolvamos los problemas de la familia no podremos hacer nada para mejorar la gestión", o, al revés, "si no arreglamos los temas de gestión nos vamos a seguir peleando". Ambos puntos de vista suelen ser legítimos, por eso sugiero el trabajo simultáneo y complementario.

Volviendo al tema de los conflictos, si quedaron claros los beneficios de mirar a las empresas familiares como sistemas sociales complejos ("seres vivos") podemos entender que las situaciones conflictivas no surgen de la nada. No es que un día alguien se levanta a la mañana con "ganas" o necesidad de armar un lío con otro de su familia.

Las situaciones conflictivas no llegan, las hacemos; los conflictos no son un accidente que nos sucedió, son obra nuestra.

En toda situación conflictiva hay una historia previa e incluso una posterior, que, cuando podemos visualizarla, nos permite comprender la complejidad de la situación. Ningún gran problema nace grande, hay pequeñas situaciones que pueden ser leídas como señales que, por diversas circunstancias, se pasan por alto y la cuestión sigue, hasta que adquiere la dimensión de "problemón".

> **¿Nos puede dar algunos ejemplos de esas situaciones que se suelen pasar por alto?**

Hay infinidad de estas situaciones de este tipo. Pueden originarse en sencillas palabras dichas "como al pasar", que caen mal o son mal interpretadas y que generan disgusto; o acuerdos que no se cumplen, olvidos, descalificaciones explícitas o encubiertas, gestos o miradas de contrariedad, aceptación de circunstancias a disgusto, maltrato (o lo que es percibido como maltrato); o errores de gestión para los cuales rápidamente se definen culpables (lo sean o no), necesidades insatisfechas o promesas incumplidas.

En algunos casos, existe la buena intención de hacer como que no pasó nada, esperando que el tiempo eche un manto de olvido y la vida pueda continuar. Muchas veces es así pero muchas otras no lo es. Lo paradójico del asunto es que cuando se le pregunta a uno de los protagonistas de la situación conflictiva por qué no reaccionó en su momento, la respuesta más habitual es "para no generar un conflicto". Así que tenemos una situación conflictiva por no querer generar un conflicto... Paradoja si las hay.

> **Es cierto, es paradójico, pero ¿no es paradójico también que primero se pasen por alto esas señales y luego se produzca una gran alarma cuando se instala el conflicto?**

En cierto modo es así como usted lo dice. La gente se asusta cuando aumenta la tensión, cuando hay discusiones fuertes, peleas, agresiones... Y no es para menos. Esos climas nada agradables profundizan la confusión familia/empresa en las familias empresarias, comienzan a participar otros familiares y la bola de nieve va creciendo, produciendo daños a la familia y a la gestión.

Pero también vale incorporar la idea de que las situaciones conflictivas pueden ser beneficiosas para las familias, si tienen una buena ayuda que les permita desdramatizarlas. Bajar un poco la tensión puede dar lugar a que aparezcan oportunidades no conocidas, tanto para la empresa como para la familia.

Nuevamente, el profesor Tàpies nos ilustra sobre el tema:

> *El conflicto suele percibirse como algo negativo, pero también puede ser una oportunidad. En la empresa familiar, las situaciones conflictivas pueden generar los cambios necesarios para revitalizar y desarrollar el proyecto familiar y empresarial en el que están implicadas la familia y la empresa.*
>
> *El punto de partida para alcanzar una visión positiva del conflicto es entender que, en un conflicto, no hay buenos ni malos,*

simplemente hay intereses diferentes que derivan de las expectativas previas de cada una de las partes implicadas. Por eso mismo, hay que tratar de objetivar el conflicto e intentar aplicar más la razón que la emoción cuando vayamos de abordarlo.

La diferencia de intereses de cada persona es la que suele originar el conflicto. Por ejemplo, dos hermanos, en temas relacionados con el negocio deben comportarse como socios y no como hermanos. Es difícil entenderse como socios si se aplica la lógica familiar, de la misma manera que resultará difícil entenderse como hermanos siguiendo la lógica empresarial.

Los conflictos han existido y existirán siempre, y en la empresa familiar muchas veces se transmiten de generación en generación.[52]

Un claro ejemplo de la transmisión de las situaciones conflictivas a la generación siguiente es el caso de una empresa familiar de dos hermanos de alrededor de 60 años, fundada por su padre ya fallecido. Si bien el legado fue del 50% para cada uno, en realidad la compañía estaba conformada por un pequeño grupo de diferentes empresas, con sus propias administraciones y unidades de negocios. En las empresas trabajan los hijos de ambos, primos entre sí, repartidos entre los distintos lugares.

Los hermanos, actuales dueños de la empresa, mantenían una antigua rencilla por diferencias respecto de las diferentes disposiciones de cada uno al trabajo –uno decía que trabajaba más que el otro–, respecto de los retiros de dinero –uno decía que el otro se llevaba mucho y él se llevaba poco– y cosas por el estilo. La cuestión es que decían que no querían tener problemas entre ellos, no discutían ni hablaban de estas cosas. Pero donde sí hablaban era en sus casas, con sus esposas e hijos.

Como consecuencia, los primos de ambas ramas estaban "re-peleados" entre sí. Algunos compartían el lugar de trabajo y no se dirigían la palabra. En las reuniones de cada familia por separado se escuchaban palabras horrendas so-

---

52 Tàpies, J., 2016.

bre la otra familia, pero cuando se juntaban los dos hermanos propietarios todo pasaba a tener un tono menor... "Qué bueno... que es mi hermano... somos familia.". Una actitud totalmente diferente de la exhibida ante sus esposas e hijos.

Cuando los hijos reclamaban a sus padres informes sobre estados contables de las empresas, recibían respuestas evasivas de ambos hermanos: "Sí, sí... la semana que viene". Esa semana nunca llegó.

Este es uno de los tantos casos en los cuales una situación conflictiva surge en una generación, y como no se le da el tratamiento adecuado, crece; no es asumida como tal, ni se resuelve ni se reconoce, y entonces es "actuada" por la generación siguiente. Esta generación "se hace cargo" de un conflicto que viven pero que no construyeron ni desarrollaron. Es lo que defino como "transferencia generacional de las emociones".[53]

En vano traté de que la generación de los primos tomara conciencia de que estaban disputando entre ellos por una confrontación que no les pertenecía, que pertenecía a la generación anterior; que estaban embarcados en una cruzada reivindicadora de sus padres, con un desgaste enorme que sus propios padres no compartían. Al mismo tiempo, desalentaba los amagos de judicialización que cada tanto surgían. Estaban en una ciudad chica, de esas en las que todo se sabe muy rápido, y una empresa que expone públicamente sus conflictos familiares se desprestigia y pierde valor. Frente a esas circunstancias propuse un trabajo de mediación, para lo cual convoqué a un mediador profesional local. Mis recomendaciones fueron escuchadas por una parte de la familia con la que continué en contacto durante un tiempo, pero otros decidieron tomar el camino jurídico reclamándose información a través de cartas

---

53 Press, E., 2015.

documento y la intervención de estudios jurídicos, lejos de mis recomendaciones. Luego de un tiempo, los contactos se fueron espaciando, nunca convocaron al mediador que sugerí. Una pena.

Autores ajenos al ámbito de las empresas familiares nos ayudan a pensar el tema desde la perspectiva de no enemistarnos con los conflictos. Nassim Taleb,[54] un investigador de origen libanés y profesor de Ciencias de la Incertidumbre en la Universidad de Massachussetts, dice que de los contratiempos (él los llama estresores) se aprende y que siempre dan la oportunidad para que de ellos surjan ideas nuevas. "Mínimas dosis de estresores preparan a los organismos para tolerar con el tiempo dosis mayores." Los riesgos que él mismo menciona son el acostumbramiento, que lleva a naturalizar situaciones disfuncionales, y el exceso, que puede llevar a la destrucción del sistema. Es un delicado equilibrio. Como ocurre con el agua, cuya presencia es vital, pero su ausencia es sequía y su exceso, inundación.

➢ **Me gustaría que volviéramos sobre la definición de conflicto de un proceso con historia, previa y posterior. Entiendo que esa manera de mirar permita comprender pero ¿qué hacemos una vez que comprendemos?**

Interesante pregunta. Es cierto, la función de los consultores no es solo comprender sino, además, intervenir para ayudar a la gente a resolver sus problemas. Me resulta útil "ver" la idea de proceso de la siguiente manera:

---

54 Taleb, N., 2013.

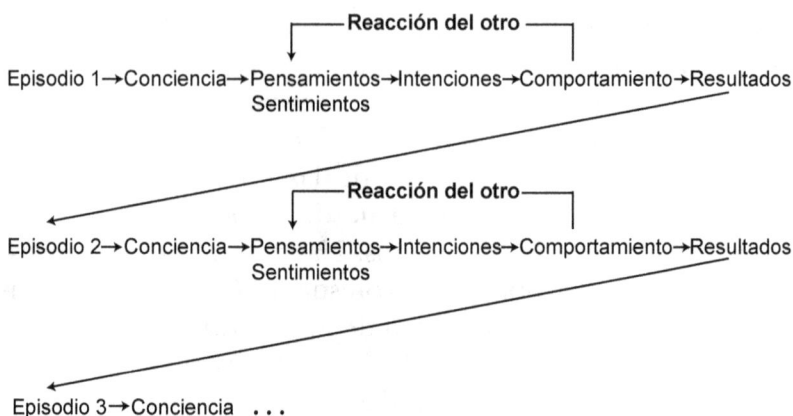

```
                  ┌──── Reacción del otro ────┐
                  ↓                            │
Episodio 1→Conciencia→Pensamientos→Intenciones→Comportamiento→Resultados
           Sentimientos                                              ╱
                                                                    ╱
                                                                   ╱
                          ┌──── Reacción del otro────┐            ╱
              ╱           ↓                          │
Episodio 2→Conciencia→Pensamientos→Intenciones→Comportamiento→Resultados
           Sentimientos                                              ╱
                                                                    ╱
                                                                   ╱
              ╱
Episodio 3→Conciencia  . . .
```

Figura 1

Lo que designamos como Episodio 1 podría ser el Episodio 5, o 6, o 514 de otra secuencia que por alguna circunstancia decidimos no tomar en consideración, seguramente para favorecer la comprensión. Obviamente, lo que quiero destacar con este esquema es que toda acción trae consecuencias, que a su vez traen consecuencias, que a su vez traen consecuencias y así sucesivamente. La designación de Episodio 1 como tal es arbitraria, del mismo modo que definir cualquiera de los otros. Para comprender es fantástico, pero simplemente nos permite eso. ¿Por qué? Porque los problemas no se resuelven hacia atrás, solo se pueden resolver hacia adelante.

Es común que cuando las personas cuentan sus problemas, expresen sus propias ideas sobre las causas, las razones y las responsabilidades. Los escucho con mucha atención y, en algún momento, apunto al futuro: "¿Y qué hacemos el lunes?".

➢ **¿Para qué les dice eso, cuál es su objetivo?**

Se los digo para poner a la gente que sufre en un escenario diferente del pasado, que no tiene arreglo. Lo que pasó ya pasó, no hay retroceso para hacer las cosas de nuevo, pero sí hay un futuro en el cual se podrá reparar, se podrán modificar conductas, transformar mensajes, restablecer vínculos... Por eso digo desde el comienzo "hijos del pasado, padres del porvenir".

A pesar de esto mantengo lo expresado en trabajos anteriores,[55] respecto de que la historia siempre se puede contar de otra manera, de que se puede ayudar a las familias a construir un cuento diferente del que se cuentan hasta ahora; un cuento más amigable, no para desmentir los hechos sino para crear versiones que serenen los espíritus.

➤ **¿Podría darnos un ejemplo?**

Es común que los padres se sientan culpables por no haber hecho tal o cual cosa con sus hijos, o con alguno de ellos, y de esa manera explican las dificultades que tienen en la actualidad. En ese camino nunca van a encontrar la paz, ni podrán mejorar la situación desde la culpa. Si en una siembra de ideas uno puede ir introduciendo nuevas versiones del tipo: "Seguramente lo que ustedes hicieron en ese momento debe de haber sido lo que creyeron que era mejor, con las herramientas que tenían en ese momento. Seguramente si hubieran sabido que podían hacerlo mejor, lo habrían hecho". La gente queda aliviada y mejor predispuesta hacia el futuro.

➤ **¿Por qué "siembra" de ideas?**

Porque, cuando uno quiere ayudar a otras personas para que puedan cambiar su mirada sobre su propia historia, solo se puede hacer a través de un proceso que lleva tiempo, del mismo modo que una semilla necesita su tiempo para transformarse en planta o en árbol. No se da de una vez, ni con una sola palabra. Lleva tiempo.

Por supuesto que esto tiene sentido si además ayudamos a la familia a resolver los temas de actualidad, mucho más si es una empresa familiar en la que todos los días se tienen que tomar decisiones sobre el presente y el futuro.

---

55 Press, E., 1994.

> ## ¿Qué cosas pasan en las empresas familiares?

Disculpen los lectores que insista en el concepto de la empresa familiar como un sistema social, un organismo con vida. ¿Por qué? Porque voy a pasar a describir ciertos conflictos puntuales, pero que no podemos dejar de ubicar en un contexto más amplio, aunque a los fines didácticos focalice solo en algunos aspectos.

Los conflictos principales tienen lugar entre padres e hijos, entre hermanos, entre primos, con la familia política; en las familias "ensambladas" (segundos y terceros matrimonios), entre cónyuges y, cada vez en más casos, respecto del lugar de los abuelos.

Pero antes de entrar en estos temas puntuales quisiera comentar algo que me parece interesante, que considero que está en el trasfondo del funcionamiento de las empresas familiares. Como esas "marcas de agua" de los impresos, se nota muy poco, pero ahí está, indeleble, señalándonos su presencia.

La familia es una organización muy antigua, de cientos y miles de años. La historia de las familias se remonta a las épocas nómades de los humanos. Desde sus primeras formas tribales, fue sufriendo modificaciones con el paso del tiempo, hasta el día de hoy, con muchos formatos diferentes, a los que llamamos "familia".

En el siglo XIII, la Iglesia católica estableció la obligatoriedad de documentar un matrimonio para que fuera considerado válido. Hace siglos. En cambio, la empresa como organización es moderna, surgió con la revolución industrial, hacia fines del siglo XVIII y comienzos del siglo XIX. Así aparece la burocracia, las jerarquías (organigrama y escalafón), el trabajo a cambio de un salario, los planes, condiciones estas que, al menos inicialmente, caracterizan a una unidad productiva a la que llamamos empresa, y que poco y nada tienen que ver con una familia

Entonces tenemos, conviviendo, dos organizaciones de formación y origen absolutamente diferentes. Esta convivencia dentro un nuevo organismo que llamamos empresa familiar no puede darse, por definición (al menos en mi opinión), sin un nivel de tensión que puede tener mayor o menor intensidad, pero que siempre estará presente. Esa tensión está en la naturaleza de las empresas familiares y no se puede ir contra eso. En mi opinión, es una tensión vital, y quiero decir con esto que se trata del mismo tipo de tensión de todos los organismos vivos.

Nadie vive "en paz". La vida misma es tensión; por lo tanto, cuando nos acercamos a una familia que integra una empresa familiar, tenemos que saber –y aceptar– que nos vamos a encontrar con un nivel de tensión que está en su naturaleza, y que no nos conviene invertir energía en tratar de suprimirla porque es una batalla perdida de antemano. Así, también perderíamos la oportunidad de invertir esa energía en ayudar a resolver lo que sí puede resolverse. Hay familias en las cuales esa tensión disminuye hasta el riesgo de la inacción, mientras que otras que la incrementan a riesgo de la destrucción. Son situaciones en las cuales la escasez daña y la abundancia también.

➢ **¿Puede darnos un ejemplo?**

Tenemos la tan mentada y promovida separación familia/empresa. No conozco ninguna familia –debe de haberlas, seguramente, pero serán las excepciones– que haya podido cumplir con el mandato teórico que versa: "Es beneficioso no mezclar los temas de la familia con los temas de la empresa". Todos los consultores lo sugerimos y lo proponemos pero… ¿cómo harían las familias para cumplirlo? Vuelvo al ejemplo del agua de lluvia: hay una medida adecuada, pero la ausencia es sequía e inacción, y la abundancia es inundación y estrago. Por eso creo que ayudamos más a las familias empresarias con la aceptación de esos momentos "de mezcla", que si les "bajamos línea" con la consigna "no mezclen". La "mezcla" está en la naturaleza de las empresas familiares.

Siempre recomiendo esto a mis colegas consultores y a las mismas familias: No se asusten de vivir momentos de tensión, son inherentes a la empresas familiares, todo el tiempo están actuando fuerzas centrífugas que alejan a los miembros de la familia y fuerzas centrípetas que los atraen, que conviven en una "tensa" armonía... así como en la vida...[56]

Algunas tensiones disfuncionales surgen del "secretismo" familiar. Los secretos suelen ser muy problemáticos, producen estragos en las familias comunes, y el secretismo es más grave cuando se trata de familias que gestionan y que son propietarias de una empresa.

El problema de los secretos es que, más allá de constituir un tema moral, tienen efectos prácticos en las relaciones. Los secretos ponen en juego la confianza y las lealtades, porque en los secretos siempre hay excluidos, y, al carecer de la información necesaria, no se comprende el sentido de ciertas decisiones, lo que, además de generar confusión, deja heridas y rencores difíciles de remontar en el tiempo.

Les recuerdo la cita de Gómez Betancourt incluida en el capítulo referido a la comunicación, a la cual agrega:

> *Muy relacionada con la anterior pieza del equipaje emocional familiar, está la de ocultar en el entorno empresarial, hechos familiares del pasado que están directamente relacionados con decisiones estrictamente laborales del presente, que los demás integrantes de la empresa no entienden por qué se tomaron, porque se desconoce el contexto.*[57]

---

56 Von Moos, A., 2006.
57 Gómez Betancourt, G., *op. cit.*

➤ **¿Existen temas puntuales en algunas relaciones en particular?**

Estas son las más comunes:

Padres e hijos

Quizás sean las situaciones más abundantes por las que consultan las empresas familiares. Para los miembros de la familia, la aparición de las nuevas generaciones aumenta la tensión y genera situaciones difíciles de manejar sin ayuda.

La confrontación entre los años de experiencia de las primeras generaciones y los conocimientos académicos de las nuevas generaciones –quienes se encuentran con una empresa en funcionamiento– es el más frecuente motivo de discusión entre padres e hijos. En los extremos se puede registrar: "Esto lo hice yo y lo vengo haciendo desde hace treinta años" –dice el padre– ; "Vos no sabés nada, en la facultad nos enseñaron…" –replica el hijo.

Otro de los temas en cuestión es el miedo de las primeras generaciones de pensar en el retiro. La mayoría lo fantasea pero no lo concibe, no se ve a sí mismo con tiempo libre, porque en la mayoría de los casos no está acostumbrado a tenerlo. Al mismo tiempo, a las nuevas generaciones les cuesta esperar, aunque también tienen miedo de no estar a la altura de la circunstancias.

Un par de temas de consulta también habitual, o al menos que aparece en las conversaciones con los dueños e hijos de empresas familiares, son aquellos que podríamos llamar "contemplaciones" y "abusos", ambas situaciones comúnmente encontradas en estas empresas. Traen dificultades, más en los vínculos que en la gestión.

➤ **¿Cómo sería, puede dar algunos ejemplos?**

Si, les explico a los lectores. Llamo "contemplaciones" a las situaciones que involucran a la generación mayor; por ejemplo, en el caso de que alguien tenga contemplaciones sobre las conductas o acciones de un hijo, que no tendría con cualquier otro empleado. No me refiero a "malas conductas", como maltrato, insultos, o algo parecido, que desde todo punto de vista son inaceptables, sino, por ejemplo, a temas vinculados al cumplimiento del horario (llegar más tarde, retirarse antes), al incumplimiento en término de alguna tarea (en vez de hacerse el lunes, como se había pedido, se hace el martes), a la adjudicación de vacaciones en cualquier momento, y con una duración discrecional.

El tema es que esas "acciones" no alteran la dinámica de la gestión pero sí las relaciones. Aquí entran en juego los valores, que no siempre son coincidentes en las distintas generaciones. Recuerdo a un padre que me decía: "Yo llego a la empresa a las 8 y veo que las camionetas de mis hijos no están, y ya me pongo nervioso… Mi abuelo andaba a las tres de la mañana con su carro por las calles de tierra…". Le pregunto: "¿A qué hora llegan…? "A las 8:30", me responde. Le pregunto si se resiente el trabajo de ellos. "No", es su respuesta. Le pregunto si está contento y conforme con el trabajo de sus hijos; "Sí", me dice. Le pregunto si está orgulloso de lo que ellos hacen, y me dice "Sí". Le planteo: "Si es así, ¿cuál es la diferencia entre las 8 y las 8:30?". "Ninguna", me responde. Dejé el tema ahí.

> **¿Por qué?**

Lo hice para dejar a este hombre con su propia respuesta, para que reflexionara él solo sobre lo que acababa de decir. Confío en la capacidad de las personas para reflexionar, no era necesario que explicara nada más.

Estas situaciones son muy habituales y tienen una doble cara: el exceso de contemplación o la ausencia de ella. A veces se dan visiones contrapuestas, según desde qué generación se mire. Los padres creen que contemplan demasiado y los hijos piensan que se les contempla muy poco. Es muy común escuchar de los hijos que el nivel de exigencia que sus padres o sus equivalentes (por ejemplo, tíos) tienen con ellos es mayor que el que tienen con cualquier otro empleado al que "comprenden" o "justifican" más.

➢ **¿Y cuándo se habla de abuso?**

Me refiero al hecho de que algún miembro de la familia se tome atribuciones que vayan más allá de las esperables o razonables según su lugar en la empresa.[58] Llamo abuso de confianza a faltar sin causa y sin previo aviso, a decidir vacaciones sin contemplar las necesidades de la empresa o sin consultar si es posible tomarlas en esa fecha, a postergar tareas y/o compromisos asumidos sin justificativo explícito; o evidente desdén o desidia en el trabajo. Estas cuestiones hacen que otras personas se ocupen de las tareas incompletas, lo cual tampoco deteriora la gestión en sí misma, pero en cambio genera fricciones innecesarias en los vínculos.

Habitualmente, ambos aspectos, contemplaciones (en más o en menos) y abusos, tienen sus raíces en la historia familiar más que en las situaciones de la empresa. El modo de funcionamiento de la familia se traslada a la empresa.

Se puede trabajar con la familia para restablecer (o, a veces, establecer) reglas consensuadas que disminuyan estas prácticas. El protocolo familia/empresa es la herramienta de elección para prevenir estas conductas en el futuro.

De todos modos, estos temas no se resuelven de un día para el otro, porque muchas de estas prácticas están muy arraigadas; son hábitos relacionales, ante los que hay que iniciar un trabajo de instalación de hábitos diferentes (que es la única manera de cambiar hábitos), para después establecer reglas para el futuro.

---

58 No me refiero al abuso como delito, cuyo tratamiento no está dentro de los objetivos de este libro.

> ➤ **Cuando hablamos de comunicación mencionó el tema de las relaciones simétricas y complementarias y anticipó que lo iba a retomar cuando habláramos de conflictos. ¿Qué puede agregar?**

En las relaciones humanas existen dos tipos de vínculos posibles. Teniendo en cuenta lo que Watzlawick y colaboradores mencionaron como definición de la relación: hay relaciones simétricas o complementarias, según estén basadas en la igualdad o en las diferencias. En las familias, las relaciones entre los hermanos, entre los cónyuges y entre los primos son simétricas, porque son pares. Las relaciones padres/hijos, tíos/sobrinos, abuelos/nietos son asimétricas, porque no son pares.

Se supone que las relaciones funcionales son tales porque son dinámicas y flexibles. En el caso de una relación simétrica, puede ocurrir que en algún momento no sea necesario funcionar en tándem y que uno siga al otro; y que en otro momento posterior sea al revés, y todo se da en armonía. En una relación complementaria, es esperable que se alternen también los momentos de decisión; a veces, decidirá uno, a veces, otro, y otras veces se acordará en forma conjunta.

Los conflictos aparecen cuando, en el caso de las relaciones simétricas, no se ponen de acuerdo porque ninguno cede. Se genera así una especie de pulseada –lo que algunos llaman una escalada–, algo así como ir subiendo la apuesta a ver quién gana. En general pierden todos.

Una situación conflictiva puede originarse, tanto en cuestiones banales, como dónde comprar artículos de librería para las oficinas (lo que se convierte en una discusión interminable) hasta en cuestiones mucho más importantes y trascendentes, como decisiones financieras. El esquema es el mismo: no aflojar, insistir cada uno en su posición. Obviamente esto lleva a una parálisis y a una pérdida de oportunidades, además del deterioro del vínculo.

En el caso de las relaciones complementarias, el conflicto tiene lugar cuando quien decide siempre es el mismo (o al menos pretende hacerlo) y el que acata también, sin ninguna alternancia, lo que genera disfunciones en los vínculos.

Esto se ve mucho en aquellas familias en las cuales los adultos de alrededor de cuarenta años, con años de trabajo en la empresa, incluso padres de familia, no pueden tomar decisiones sin consultar a su padre o madre, hasta en cuestiones nimias. Esto ocurre no solo, como podría creerse, por imposición de los padres sino también por falta de confianza del hijo, o por no querer asumir la responsabilidad de las consecuencias de una decisión. Una vez instaladas, estas situaciones también generan alteraciones en los vínculos, porque ninguno está conforme. La empresa es menos eficiente por estas cosas.

Otro tema interesante que encontramos en el vínculo entre padres e hijos tiene lugar cuando alguno de los hijos o de los padres siente y cree (está convencido) que uno de los hermanos –en el primer caso– o uno de los hijos –en el segundo– es "protegido" por uno de los padres. En general esto suele ser desmentido por el favorecido o, en todo caso, fundamentado por la idea de que el supuesto beneficiario de la protección lo es porque es víctima de "agresiones" o descalificaciones por parte del otro progenitor.

Como verán, es un juego sin fin de acusaciones cruzadas. Una cuestión entre los padres que incide en el vínculo con los hijos y entre los hermanos.

➤ **¿Pero son reales estas acusaciones, pasan estas cosas?**

Pregunta sencilla de difícil respuesta. Puede ser cierto o no, dilucidarlo en el marco de una consultoría es muy difícil, lo importante es que el efecto es el mismo, se trate de algo cierto o imaginado. Funciona como una creencia, una vez que está instalada no hay ninguna diferencia, el efecto se hace presente y sus consecuencias también. Y, según la aseveración que se le atribuye a Einstein, "Es más fácil desintegrar un átomo que una creencia instalada".

Los hermanos

> ➤ **¿Existe alguna particularidad en los conflictos entre hermanos?**

Si tuviera que sintetizar en una particularidad los conflictos entre hermanos, diría que son las comparaciones. Suelo decir que los hermanos andan "con un centímetro en el ojo", midiendo todo el tiempo qué es lo que el otro/otros reciben, no importa la edad, ni cuándo, ni las circunstancias, solo si es más o mejor que lo recibido por uno. Esto no tiene nada que ver con el afecto, en general los hermanos se quieren, pero también se comparan y pelean. Parecen como esos cachorros que juegan y pelean, sin poder distinguir una cosa de la otra. La diferencia es que en una empresa familiar esos "juegos" inciden en la toma de decisiones y en la gestión.

> ➤ **¿Y qué tipo de cosas suelen discutir los hermanos?**

De todo. En general podemos separar –a los fines de entender un poco el funcionamiento de los hermanos– dos niveles: por un lado, qué es lo que se discute, y por otro, qué es lo que está en juego en la discusión. En ocasiones, lo que está en juego coincide con el *qué*, pero la mayoría de las veces no.

La mayor parte de las discusiones comienzan con conversaciones sobre temas inherentes a la gestión, alguna decisión que hay que tomar; comprar o vender, invertir o no, listas de precios, incorporar o desvincular personal, cambiar o reparar una máquina, ventas, decisiones comerciales, planes… En fin, temas comunes a cualquier empresa. Esto sería el *qué* se discute.

En muchas empresas (no en todas) sucede que en algún momento aparecen desacuerdos durante estas conversaciones y se eleva el tono de la discusión. En esos momentos pareciera que se pierde el rumbo y es cuando aparecen los "viejos temas pendientes", lo que yo llamo "emociones tomadas prestadas de otro lado". En estos casos, no hay relación entre la magnitud de lo que se discute y la forma en que se lo hace. Aquí estamos en lo que llamo discutir la naturaleza de la relación: "Quién sos vos para mí, quién soy yo para vos". Es el momento en que se despiertan la rivalidad y la competencia, y comienza un intercambio que los mismos protagonistas definen como "pase de facturas", haciendo referencia a cuestiones de la historia no saldadas, que así es como lo vive alguno de los hermanos.

> ➤ **¿Cuáles serían esas cuestiones no saldadas?**

Son de todo tipo, tamaño y color. En general responden a un esquema básico, en el cual uno de los hermanos considera que otro –u otros– gozó de un beneficio por parte de sus padres, que a él "no le tocó". Entonces una conversación sobre la evaluación de costo de un producto comienza a teñirse con reproches como "A vos te pagaron la fiesta de casamiento y yo me la tuve que pagar, porque en ese momento no había plata", "A vos te pudieron ayudar a hacerte la casa y cuando yo la quise hacer, hubo que poner la plata en la empresa", "Vos pudiste hacer la carrera sin tener que trabajar; en cambio yo trabajé en la empresa durante todo el tiempo que estudié".

Los padres miran azorados estas discusiones e intentan justificar y explicar algo muy difícil: que los hijos entiendan que, con buena voluntad y generosidad, ayudaron económicamente a sus hijos todo lo que pudieron sin descuidar el negocio. Y que no pudieron ser todo lo equitativos que hubieran querido, pero que por supuesto no imaginaban que eso iba a dar lugar a ese tipo de discusiones.

Estas son recurrentes y suelen ser uno de los motivos principales de consulta por parte de los padres. El fundamento de la consulta es presentado más o menos de esta manera: "Si esto pasa cuando yo estoy, no quiero pensar lo que pueda pasar entre los hermanos una vez que yo no esté…"; "No quiero que en el futuro mis hijos se peleen". Palabra más, palabra menos, es lo que suelo escuchar en las consultas.

> *Es como si se creara en la mente de cada persona una especie de "cuenta corriente emocional", que algún día cobrará pasando factura en forma directa: "Papá siempre te dio más cosas a vos que a mí", "Papá te compró un auto cuando te recibiste y a mí no", etc. O, en algunos casos, de manera inconsciente: "Mamá no aprueba mis proyectos, pero los de este empleado sí".[59]*

> ➢ **¿Existe la desconfianza entre hermanos?**

En general no suelo encontrar desconfianzas con respecto a la honestidad; es decir, sospechar que uno de los hermanos se quede con algo que no le pertenece, que haga algún tipo de trampa. Al contrario, en general se suele rescatar como un valor muy importante la decencia.

Pero sí veo con frecuencia desconfianza en la aptitud o capacidad de un hermano en relación con otro. A veces con fundamento (las menos), la mayoría de las veces sin fundamento alguno, más allá de "No estoy de acuerdo con la forma en que encara las cosas" o "No estoy de acuerdo con las decisiones que toma". Es entonces cuando un simple desacuerdo se torna en desconfianza. Si bien hay experiencias en cuanto a que una mala decisión podría generar pérdidas económicas, no es habitual que suceda y, cuando sucede, es consecuencia de un proceso en el que participan varios personajes, familiares y no familiares. Alguna vez, durante la construcción del protocolo, conversando el punto de quién tendría mejores aptitudes para continuar al padre

---

59 Luna Rivara, C., 2016.

en la dirección, escuché a una hija decir: "Jamás dejaría la empresa en manos de mi hermano".

De todos modos, sí sabemos que los puestos de una empresa deben ser ocupados por gente apta y preparada; si es de la familia, mejor, y si no, hay que buscarla afuera. Pero la elección no debiera estar condicionada por portación de apellido.

Es cierto que manejar una empresa no es para cualquiera, pero en mi experiencia, este tipo de desconfianzas que a veces aparecen tienen más que ver con rivalidades antiguas, como vimos antes, o con falta de motivación debido a desinterés (se siente el compromiso de estar en la empresa de la familia por cumplir un mandato y no por un interés genuino); en esas condiciones es fácil equivocarse. Pero en esos casos, para ser justos, tenemos que pensar en una responsabilidad compartida por unos y otros, por haber hecho una mala elección desde el principio. Por la elección de los que proponen y de los que aceptan. De la política de incorporación (o, mejor dicho, de la falta de una política) y de los requisitos para ingresar a la empresa.

Un caso particular de estas desconfianzas ocurre cuando llega el momento de tener que designar un director, o presidente, o cabeza de la empresa, que reemplace al anterior. Entonces suelen aparecer estas desconfianzas, que en estos casos muchas veces son legítimas, porque no siempre se elige al más apto. Este tema se abordó más profundamente antes, cuando hablamos de los liderazgos en las empresas familiares.

➢ **Suelo escuchar por ahí que también hay discusiones sobre el tiempo dedicado a la empresa, que se reprochan unos a otros... ¿Nos puede decir algo al respecto?**

Sí, esas discusiones existen, lo que no quiere decir que esas cosas sean ciertas, aunque muchas veces uno encuentra algo de eso. Ahora, tenemos una dificultad: ¿qué parámetros tomamos para medir la dedicación?, ¿y para medir el tiempo?, ¿o los resultados?, ¿o para medir las responsabilidades?, ¿cómo medir la cantidad de tareas o funciones?

No siempre están claras estas cosas en una empresa familiar; justamente es uno de los déficits más serios que tienen que ver con la gestión: la falta de profesionalización. Entonces encontramos que las funciones no están lo suficientemente definidas, del mismo modo que las responsabilidades, en general, están enunciadas pero no se cumplen en el día a día. Habitualmente no hay planes o son incompletos, o existen planes superpuestos; los objetivos suelen ser ambiguos y, en medio de ese desorden, es que aparecen los reproches sobre "cuánto" le dedica cada uno a la empresa (como dije, los hermanos andan con el centímetro en el ojo... y se fijan en los horarios, en las vacaciones, en los días que se toman por examen, en el tiempo que se dedica a los clientes o a los proveedores. Y aparecen las respuestas: "Cumplo con todo lo que tengo que hacer porque lo hago rápido y no necesito tanto tiempo", y la réplica: "Igual no te podés ir porque siempre hay cosas para hacer en la empresa...". Otra vez un juego sin fin.

> **En cuanto a los sueldos, ¿suele haber problemas entre los hermanos?**

Sí, es un tema problemático. Entre los hermanos (que tienen el centímetro en el ojo) surgen las comparaciones respecto del tiempo que llevan en la empresa, de las horas durante las que trabajan, de la duración de las vacaciones, de la distribución de tareas y responsabilidades. Todo es materia de comparación.

La mayoría de las veces, las remuneraciones las decide el padre, o la madre, aquel que esté a la cabeza de la empresa.

Los procedimientos para hacerlo son mayormente caprichosos y no responden a cuestiones objetivas de valores de mercado; sea por más o por menos, suele haber distorsiones. En algunos casos, todos los hijos ganan lo mismo, independientemente de cualquier consideración, lo que suele vivirse como algo injusto y con "justa" razón. En otros casos se toma en cuenta la antigüedad, los años que hace que un hijo trabaja; en otros casos –aunque parezca mentira en esta época– se hacen distinciones de género y los varones ganan más que las mujeres. En las conversaciones, los padres lo suelen explicar con el viejo argumento: "El varón tiene que mantener la familia, la mujer tiene marido" (aun frente a la realidad de que muchas hijas de estos hombres tienen hijos menores y son las que mantienen su hogar).

Después están las discusiones respecto de quién está cubriendo las necesidades de los hijos, ¿la familia o la empresa? Vivienda, autos, telefonía celular, seguro médico, seguros de auto, gastos de tarjetas. He visto de todo. Cualquier combinación es posible. Cuando la plata alcanza, se administra riqueza, todo está bien; los conflictos aparecen cuando la plata no alcanza, y más graves son cuando en una época alcanzaba, mientras que ahora no alcanza, y alguno de los hijos quedó fuera de la época de bonanza.

Recuerdo un caso: padres dueños de una empresa, con cuatro hijos, todos trabajando en la empresa, graduados universitarios, algunos, a su vez, con hijos. Con mucho sacrificio les fue muy bien desde la creación de la empresa. Hoy es sólida, sana, muy bien instalada en el mercado y con muy buena rentabilidad. Una de las hijas me contaba: "Desde que éramos chicos mi papá decía… 'todo esto es para el futuro, para ustedes' (en referencia al tiempo que dedicaba a la empresa, que era mucho ciertamente)" y continuaba: "Y ahora, ¿cuándo llega ese futuro?, ¿cuándo empieza el 'esto es para ustedes'? Nosotros no tenemos nada".

Si bien cada hijo vivía en su propio departamento y tenía su auto, no tenían nada a su nombre. Los bienes estaban a nombre de la empresa.[60] Y agregaba: "Si quiero sacar un crédito para algo que se me ocurra no puedo, no tengo manera de demostrar solvencia en el banco, le tengo que pedir a mi papá. Ya soy grande y trabajo hace quince años". Y tenía razón.

Recuerdo otro caso: el padre, fundador de la empresa y sus tres hijos (dos mujeres y un varón) trabajando en la empresa, una empresa chica. El que me llamó fue el hijo varón, y el motivo de la consulta fue que los hermanos cobraban sueldos mínimos, realmente muy bajos, con el argumento del padre de que cualquier necesidad que tuviesen los hijos él la podría cubrir. (Recuerdo que cuando me contaba esto mismo, el padre acompañaba el relato con el gesto de llevar la mano al bolsillo del pantalón y sacar de allí la plata). Sus hijos eran mayores de edad –el mayor con una licenciatura en administración de empresas–, vivían en forma independiente pero no eran económicamente autónomos. Una de las hijas decía: "Si tengo que cambiar la heladera le tengo que pedir la plata a mi papá; él me la da pero yo no puedo disponer de mi propio dinero bien ganado para hacerlo".

---

60 En las empresas familiares, ya sean SRL o SA, es muy común que bienes muebles o vehículos sean comprados a nombre de las empresas y no a nombre de los miembros de la familia.

En este caso en particular, no hubo forma de que el padre modificara las cosas y así siguió siendo.

En las empresas familiares, los argumentos para sostener este tipo de situaciones son variopintos; desde el arbitrario que sostiene el jefe/a de familia ("El sueldo de mis hijos los decido yo, es por cuestiones impositivas"), hasta cuestiones ajenas a la empresa ("Tuvo un hijo y necesita un departamento más grande").

Lo recomendable es tomar en cuenta los valores de mercado como una guía, y establecer pautas claras acerca de cómo es y cómo será el sistema de remuneraciones. De esta manera se evita que el tema sea motivo permanente de discusión. El protocolo vuelve a ser una herramienta muy eficaz para este objetivo.

➢ **Muchas empresas familiares suelen comenzar con las ideas de un emprendedor, y en los últimos años se ven más matrimonios como emprendedores. Actualmente es creciente pensar las empresas familiares con un matrimonio como fundadores. Y si no es así, al menos la influencia del matrimonio en la evolución de la empresa es fundamental. ¿Qué puede contarnos de los matrimonios?**

La pareja humana es uno de los vínculos más complejos en el concierto de los vínculos interpersonales. Paradójicamente es el más reducido en cantidad: solo dos personas.

¿Alguien conoce un vínculo más complejo que el de la pareja humana?

El matrimonio como vínculo de elección (sea por amor o por cualquier otro factor) es una institución jurídica relativamente reciente, surgió de la mano de la revolución industrial y la explosión de los desarrollos urbanos. Esto vino acompañado de otros fenómenos que se desprenden de aquellos, como por ejemplo la dispersión de la familia. En tiempos anteriores, con la mayoría de la población asentada en zonas rurales, las familias permanecían unidas a medida que iban creciendo, trabajando todos en una misma unidad productiva (el campo).

En las ciudades, no era demasiado diferente, estas eran asentamiento de comerciantes, artesanos y profesionales ligados a alguna actividad principal (generalmente, el puerto o el ferrocarril). Allí también las familias crecían conservando la convivencia. Las familias grandes compartían caserones poblados de parientes.

La expansión de las ciudades basada en su crecimiento demográfico trajo aparejada una mayor independencia de los nuevos matrimonios respecto de sus familias de origen. Al mismo tiempo que esto aportó mayor autonomía e intimidad a la pareja, también supuso un mayor aislamiento; los más frecuentes contactos eran los vinculados al trabajo, a la crianza y educación de los hijos, y no mucho más. Los miembros de la pareja contaban solamente con ellos mismos para todo en la vida cotidiana.

Así se fue construyendo la complejidad de la pareja. Podemos agregar que, cuando se instauró la institución del matrimonio, la expectativa de vida era bastante menor que en la actualidad. Hoy es común encontrarse con matrimonios de más de cincuenta años de convivencia. Incluso podemos encontrar segundos matrimonios que llevan 25 o 30 años juntos. Si lo pensamos bien, es mucho tiempo de estar juntos para una relación tan íntima: desde muy jóvenes hasta la vejez, acompañándose como pueden durante toda la vida, afrontando todas las experiencias que la vida les fue ofreciendo. Las parejas se conocen siendo muy jóvenes y se acompañan a lo largo de toda la evolución personal de cada uno. En la mayoría y en el mejor de los casos, los integrantes siguen juntos; en otros casos, toman caminos separados, e inician nuevas relaciones de pareja que, al mismo tiempo que brindan satisfacciones, agregan más complejidad a los vínculos. Más adelante vamos a hablar un poco de estas segundas relaciones.

> ➤ **¿Entonces?**

Entonces no tenemos que sorprendernos de que "pasen cosas" entre los miembros de una pareja. Siempre sigue siendo una relación de elección, no importa los años que pasen, "estamos juntos porque queremos estar juntos".

¿Qué situaciones encuentro en los matrimonios? En principio, algo que podría definir como "lucha por el poder"..., por quién toma las decisiones. Tradicionalmente, el hombre se ocupaba del trabajo y la economía de la familia, y la mujer, de la casa y de los hijos. Hace mucho tiempo que eso no existe más, pero aun así quedan vestigios de esos rasgos culturales. Lo que suelo encontrar es la convivencia de diferentes expectativas –que pueden ser contrarias o complementarias– acerca de que los hombres compartan ese poder de decisión, lo cual suele ser resistido, y acerca de la mujer que demande una mayor participación que, en muchos casos, también es resistida por las mismas protagonistas ("Yo no quiero saber nada"). Los cambios culturales en la sociedad van guiando también los cambios en las parejas, aunque en el ámbito de las empresas familiares estos todavía suelen generar situaciones conflictivas.

Lo que encuentro en el día a día de las pymes familiares es que las decisiones sobre cuestiones financieras y económicas todavía las sigue tomando el hombre, y la mujer exige ser consultada, o, mínimamente, informada. En muchos casos, al mismo tiempo, la mujer toma bajo su responsabilidad las relaciones con el personal con el argumento de que "tiene condiciones naturales para esas cosas".

Familia política y familias "ensambladas"

> ➤ **Mencionó antes que había temas particulares sobre la familia política y las llamadas "familias ensambladas". ¿Existen algunos conflictos específicos?**

Vamos a separar un poco las cosas entre familia política y familias ensambladas, aunque tienen dos puntos en común: por un lado, una parte de la familia no tiene vínculo sanguíneo y, por otro lado, hay otra parte de la familia a la que no se elige.

Es tema de discusión, no solo en las familias, sino en el ámbito de los consultores, el lugar que debe o que puede ocupar la familia política en la empresa familiar. No hay consensos. Por supuesto que la decisión pasa por la familia. La mayoría de las familias tienden a excluir a la familia política de la dirección de la empresa o de las decisiones, aunque no deja de emplear a algún "político" en algún puesto. Siempre se encuentra un/a cuñado/a o primo/a perdido/a en alguna oficina.

En algunos casos, el familiar político es la pareja de un hijo o una hija del padre empresario, con quien comparte buenas y malas, y con quien genera valores; es fundamental en la crianza de los hijos y en el mantenimiento de la armonía familiar. Aun así, las familias son reacias a la incorporación de familiares políticos a la empresa.

Por otro lado, la familia política, sobre todo los cónyuges de los que sí son consanguíneos, están involucrados justamente por ese vínculo. Entonces, tampoco es válido argumentar que "no tienen nada que ver"; porque, salvo excepciones, cuando alguien vuelve a casa de trabajar comparte con el cónyuge lo que pasó ese día –o lo que está pasando– en la empresa.

Por eso es importante, en esos casos, compartir con discreción, algunos aspectos de la marcha de la empresa y reducir el efecto de las tensiones familiares, no descuidar a la propia familia por el trabajo y mostrar los beneficios para todos de su pertenencia a la empresa.

Recuerdo el caso de una hija que me comentaba que su padre estaba muy contento porque tenía a sus tres hijos juntos trabajando con él, pero que ella tenía que dejar a su hija de cuatro años con una empleada para poder cumplir con su trabajo.

Los líos se arman por una especie de doble/triple lealtad que padecen los miembros de la familia empresaria; por un lado está la lealtad y fidelidad a su familia de origen, y por otro, la lealtad a la empresa, y además, la lealtad y fidelidad a su familia de elección. El equilibrio es una línea muy fina que muchas veces se rompe y genera malestar o enojos, en cualquiera de las partes.

En estos casos, la incorporación de las jóvenes generaciones agrega complejidad, porque son nuevos personajes que también pertenecen a ambos subsistemas familiares.

La existencia de suegros y suegras, yernos y nueras, cuñados y cuñadas, sobrinos y sobrinas, primos y primas, trabajen o no en la empresa familiar, es un caldo de cultivo para la aparición de fricciones que, si aumentan de intensidad, pueden convertirse en conflictos serios. En muchos casos la incorporación de un familiar político a la empresa altera el orden natural de la familia. En algunas consultas tuve que lidiar con hijos que se sentían desplazados por un cuñado en la consideración de alguno de sus padres. Son situaciones muy complicadas y difíciles de superar.

Los mayores problemas se presentan cuando alguien de una familia se "mete" directamente con un pariente político. Surgen dos temas allí: el primero, si lo hace con conocimiento (y autorización) del familiar directo de ambos o si este es "puenteado".

➢ **¿Por ejemplo?**

Sucede cuando un problema equis es tratado por un esposo o una esposa, en forma directa con el hermano o la hermana de su cónyuge; o con el marido o la esposa de aquél; o con el padre o la madre. O con el suegro o con el sobrino. Uno de los riesgos es que ocurra lo que se conoce como "teléfono roto"; comienzan los "me dijo", "le dije", "¿vos sabías?", "yo no sabía...", "yo jamás dije eso...". Todas estas situaciones, origen de muchas discusiones y fuente de muchos conflictos.

Todo esto es mucho más grave si, además, se hace sin conocimiento o a escondidas del familiar común: "¿Vos hablaste con mi papá (mamá, hermano, tío, sobrino, etc.) y no me dijiste nada?".

Tener una sola versión de la historia suele ser muy peligroso, sobre todo si alguien interviene directa o indirectamente en un asunto con esa versión. Esto da lugar a malentendidos y tergiversaciones que llevan a discusiones innecesarias y opiniones distorsionadas o alejadas de una visión más completa. Entonces, puede originar expresiones tan comunes como: "¿Por qué vos y tu hermana ganan lo mismo, si con el cuidado de la beba, ella está yendo bastante menos que vos?, ¿lo hablaste con tu papá? Al final es como hicieron siempre, tu papá te recarga de trabajo porque sos el que mejor hace las cosas y todos ganan lo mismo".

Todos estos "dimes y diretes", cuando germinan, horadan los vínculos familiares y afectan tanto al funcionamiento de la empresa como al de la familia misma.

> **Y en el caso de las familias ensambladas ¿cómo es?**

Le diría que es un grado superlativo de complejidad, porque a todo lo anterior se agregan nuevos personajes que son los "ex", y no lo digo en forma descalificadora o como un fatalismo negativo; solo que son nuevos personajes que aparecen en escena, nuevas variables que hay que tener en cuenta. Se agrega una lealtad más, al menos para los hijos de la pareja divorciada. La magnitud del desorden de todo tipo –patrimonial, legal, indefinición de funciones– que uno suele encontrar en estas familias es enorme. Los divorcios, ya sean del matrimonio fundador como de los hijos, suelen complicar mucho los asuntos patrimoniales si no se tomaron las precauciones necesarias en su debido momento. En muchas ocasiones, aun resueltos adecuadamente los temas legales/patrimoniales, las heridas afectivas no cerradas ocasionan inconvenientes por bastante tiempo.

También se da el caso contrario: se produce el divorcio del matrimonio pero ambos continúan como socios de la empresa, manteniendo, incluso, una mejor relación que cuando estaban casados.

> **¿Qué más? ¿Le quedó algo pendiente?**

Creo que podría comentar un par de cosas más. No encontré en el diccionario de la Real Academia Española una definición oficial del término "contrafáctico", pero los usos y costumbres lo imponen en las conversaciones actuales. Se trata de especulaciones que se hacen dando por sucedidos hechos que no sucedieron nunca, y de las cuales se obtienen conclusiones, como si aquellos hechos pudieran incidir en el aquí y ahora de las decisiones. Entonces se discuten ficciones: "si hubiéramos", "si no hubiéramos".

Son situaciones incomprobables, pero se discuten como si tuvieran algún asidero. Este tipo de discusiones son muy comunes y convierten reuniones valiosas en improductivas.

En las reuniones de consultoría suelo escuchar con mucha frecuencia comentarios referidos a experiencias del pasado, acerca de las cuales se lamentan, por haber tomado tal o cual decisión, argumentando que "si hubieran" hecho tal o cual cosa "habría" pasado tal o cual otra.

A ese tipo de comentarios suelo responder que seguramente los resultados habrían sido otros, pero que nunca sabremos si hubieran sido mejores o peores, porque no hay ninguna evidencia al respecto. Estas miradas negativas sobre el pasado (que son parte del cuento oficial de la familia) suelen tener un efecto paralizante en el momento actual. Suelo desdramatizar esa historia replicando que seguramente en ese momento tomaron la mejor decisión, con las herramientas que tenían a la mano, y que si "hubieran" sabido hacerlo mejor, seguramente lo habrían hecho mejor. Entonces vuelvo al hoy buscando capitalizar esa experiencia, para que puedan, en el aquí y ahora, tomar las decisiones adecuadas (adecuadas para este momento, quizás dentro de algunos años también alguno comentará: "si hubiéramos...").

Otros aportes muy interesantes sobre los conflictos son los del profesor Tàpies. Según este autor, los mayores motivos de conflicto son el poder, el estatus, el dinero y el trabajo.[61]

Se pregunta el autor: "¿Qué entendemos por poder?".

Y se responde: "La acepción más extendida del poder es la de someter a los demás a la propia voluntad, pero también significa ser capaz de hacer las cosas. Si nos centramos en este último enfoque y lo que nos interesa es poder hacer las cosas, conviene saber qué cosas debemos hacer por el bien de la empresa y quién puede hacerlas mejor".

Y continúa Tàpies: "Es importante tratar de entender los rasgos de personalidad de cada persona y sus necesidades. Hay personas que necesitan que se les reconozca su estatus, mientras que para otras la posición que ocupan dentro del grupo no es algo relevante".

Esto me recuerda la Teoría de las Necesidades de McClelland, que veremos con más detalle en el capítulo sobre liderazgo.

Con referencia al dinero, dice este autor: "Sobre el dinero, poco hay que decir que no se sepa ya: es la causa de conflicto por excelencia. Entender que el dinero es un medio y nunca un fin en sí mismo facilitará mucho las cosas".

Acerca del trabajo, comenta que es importante definir las tareas necesarias y quién debe hacer cada cosa: "Definir

---

61 Tàpies, J., 2016.

qué cualidades y cualificaciones son necesarias, para desempeñar cada función dentro del negocio, clarificará las cosas y evitará malentendidos entre los familiares".

> **¿Existen herramientas para trabajar con estas cosas?**

Por supuesto, son modos relacionales, todos pasibles de ser tratados, siempre que los protagonistas sientan que "les duele", que quieran modificar la situación y pidan ayuda. Días pasados participé como expositor en una ciudad del interior de la Argentina sobre "protocolo". Hacia el final se presentaron dos miembros de una familia, para comentar cómo había sido su experiencia al hacer el protocolo, tarea que habían desarrollado con la guía de mi colega organizadora del evento. Una de las primeras cosas que comentaron fue la importancia que tuvo para la familia haber tomado la decisión de pedir ayuda y dejarse ayudar.

Esta es una premisa básica e imprescindible para poder intervenir en una situación conflictiva, que alguien sienta que no puede y pida ayuda. Sin olvidar que luego viene el dejarse ayudar, porque a veces existe el pedido de ayuda sin la disposición de dejarse ayudar, y eso dificulta mucho el trabajo. El consultor es tratado, no como un interlocutor de quien se aprovecha su *expertise*, sino que es incluido en algunas de las maneras descriptas recién: se pulsea con el consultor o se lo "obedece". Ninguna de las dos formas sirve.

En algunos casos, la familia presenta los problemas y asume una actitud como diciendo "arreglalos". No es así como funciona la consultoría. Es un trabajo de estrecha colaboración entre el consultor y la familia. La herramienta con la que contamos los consultores es la conversación (no cualquier conversación, una conversación entre adultos, en la cual se tratan problemas de la familia y se exploran alternativas para ir introduciendo modificaciones). Damos por descontada la profesionalidad del consultor (no siempre es así, pero eso lo dejamos para otro libro). Por eso dependemos de que aquellos que consultan se sientan dispuestos a modificar algunas cosas, nadie podrá hacerlo por ellos, ni el genio de la lámpara maravillosa. Acudo nuevamente a la cultura popular: "Para bailar el tango hacen falta dos", "Nadie se puede casar con alguien que no se quiere casar con uno", "Si uno no quiere, dos no pueden".

Más adelante, en el capítulo "Herramientas", encontrarán algunos de los instrumentos de los que disponemos los consultores para ayudar a las familias con estas y las otras cuestiones desarrolladas en el libro.

Finalmente, vuelvo a pedirle ayuda a Humberto Maturana:[62]

> *Los problemas sociales son siempre problemas culturales, porque tienen que ver con los mundos que construimos en la convivencia. Por esto, la solución de cualquier problema social siempre pertenece al **dominio de la ética**...*[63]

Agrega Maturana:

> *La conducta social está fundada en la cooperación, no en la competencia. La competencia es constitutivamente antisocial, porque como fenómeno consiste en la negación del otro. No existe la "sana competencia", porque la negación del otro implica la negación de sí mismo al pretender que se valida lo que se niega. La competencia es contraria a la seriedad en la acción, pues el que compite no vive en lo que hace, se enajena en la negación del otro.*

---

62 Maturana, H., *op. cit.*
63 El resaltado es del autor.

IMPORTANTE

1. Los contratiempos (estresores) son necesarios, nos preparan para defendernos.
2. Las situaciones conflictivas no nacen de la nada, son parte de un proceso.
3. Promesas, contratos o acuerdos no cumplidos, así como necesidades y expectativas insatisfechas, son fuente de conflictos.
4. En las familias empresarias los mayores conflictos ocurren por temas relacionados con el poder, con el estatus, con el dinero y con el trabajo.
5. Muchos intangibles, como cuestiones de principios, creencias y valores diferentes, también son fuente de conflicto.
6. Todas las relaciones son potencialmente conflictivas: en el matrimonio, entre padres e hijos, entre hermanos/as, entre primos/as, entre sobrinos/as y tíos/as, entre cuñados/as, entre yernos y nueras, entre suegros y suegras.

CAPÍTULO 5

Herramientas

> ➤ **¿Qué puede hacer una familia con empresa familiar para ayudarse? ¿Con qué herramientas puede contar?**

En primer lugar, tomar conciencia de que necesita ayuda; después, pedirla, y después, permitirse recibir la ayuda. Es común escuchar –de algún dueño o de algún miembro de la familia de una empresa familiar– decir –a veces no lo dice pero lo piensa– que las cosas de la familia deben resolverse en la familia. Hasta ahí vamos bien. Pero algunos agregan: "sin la intervención de un extraño", y ahí ya se complican un poco las cosas.

> ➤ **¿Por qué dice "hasta ahí vamos bien"?**

Porque es cierto que los problemas de la familia se arreglan en la familia. Pero la familia no es una máquina que uno lleva al técnico por un desperfecto, la deja, se la repara y después se pasa a buscar. La familia tiene que trabajar consigo misma para poder resolver sus cuestiones. Como se dice tan frecuentemente, "si se hace siempre lo mismo, se van a obtener los mismos resultados". La cosa se complica con aquello de la participación de un extraño. Suelo decirlo de esta manera: cuando a uno le duele la muela, ¿se le ocurre pensar que tiene que arreglarse solo con eso? Yendo a la empresa, temas legales, contables, financieros...

en general son consultados con un especialista. También estamos los especialistas en familias que tienen empresas familiares.

Es cierto que la gente se siente más expuesta en sus asuntos más personales que cuando le muestra la dentadura a su odontólogo. A veces sienten vergüenza de mostrar y compartir sus asuntos; otras veces, hay una especie de porfía con el propio "destino": "Tenemos que poder, tenemos que poder...". Y a veces pueden y otras veces no pueden. En estos casos, es una pena que no pidan ayuda. Incluso con la idea de "tenemos que poder" se toman decisiones que empeoran las cosas, y cuando están peor, buscan la ayuda pero las cosas ya son más difíciles.

Aunque parezca una paradoja, recomiendo que pidan ayuda un poco antes de estar peor.

➢ **Pero ¿una familia siempre tiene que depender de otro para arreglar sus asuntos?**

Interesante pregunta. Depender es uno de los miedos más grandes, tanto de las personas como de las familias, a la hora de pedir ayuda. Como si el hecho de pedir ayuda los convirtiera definitivamente en cautivos de otro, en una especie de prisioneros.

Es cierto que algunas experiencias pueden justificar esos miedos, pero los consultores trabajamos para que la gente vaya encontrando el propio camino a partir de sus propios valores, ayudándolos a incorporar herramientas que les permitan disponer de metodologías nuevas para resolver problemas viejos y nuevos. Si los consultores no somos "aves de paso", si hacemos creer que somos imprescindibles, estamos haciendo mal nuestro trabajo.

Voy a recomendar una serie de herramientas para cuyo uso es posible que necesiten ayuda, pero que una vez incorporadas, pasan a ser parte del repertorio de las familias.

Veamos algunas de ellas, que pueden servir de ayuda para la mayoría de los problemas de los que estuvimos hablando.

GENERAR ESPACIOS DE CONVERSACIÓN

La comunicación es una herramienta de gestión; por lo tanto, puede y debe ser organizada como otras herramientas. Puesto que comunicarse es algo natural, universal y espontáneo, las personas creen que no hay nada que aprender o tener en cuenta.

Muchas veces, los problemas de comunicación no pasan solo por el contenido (qué se dice) sino también por otras cuestiones que tienen que ver con lo que algunos llaman lenguajes no verbales o paraverbales (los gestos, las posturas).

Tomar en cuenta el contexto

Es decir, el lugar, el momento, la oportunidad, qué personas están presentes, el destinatario (si es o no la persona adecuada para interactuar sobre ese tema, en ese momento).

La coherencia

Integrar, en un mensaje armónico, los ingredientes de la comunicación –las palabras, los gestos, la actitud corporal, el tono de voz– de modo que mantengan cierta coherencia para que ese mensaje sea creíble.

Los tiempos

Los griegos usaban la palabra *cronos* para referirse al tiempo que se mide, por ejemplo, la hora, y usaban la palabra *kairós* para referirse al tiempo de la oportunidad: el cuándo... Cuándo es el momento de... decir o hacer algo, de tomar una decisión, de enfrentar una situación determinada o no hacerlo. Muchas conversaciones fracasan en su objetivo porque no se toma en cuenta la "oportunidad". En la jerga, se usa mucho la palabra inglesa *timing*.

En la convivencia, ya sea en la casa o en el trabajo, la gente va aprendiendo a conocer a las otras personas y sabe cuándo conviene decir algo o no, cuándo hacer tal o cual comentario.

En mis largos años de experiencia, escuché a cientos de personas contar sus problemas. Es raro encontrar a alguien que se sorprenda de la reacción propia o de la de otro. La gente sabe perfectamente cuál es la reacción más probable, pero aun así suelen mostrar su disgusto por la respuesta recibida.

Al preguntar por qué se disgustaron aun sabiendo cuál era la reacción más probable, las respuestas fueron de una gama muy amplia, desde la ingenuidad más absoluta ("Estaba convencido/a de que esta vez iba a ser diferente"), hasta la "complicidad" absoluta ("Lo hice a propósito para mostrar que él/ella es responsable del mal clima).

Los padres suelen aconsejar bien a sus hijos sobre cuándo es el mejor momento para hablar con el otro progenitor para pedir o para buscar alguna "concesión". Al igual que las secretarias con sus jefes.

El canal (el medio utilizado)

La cantidad de elementos que la tecnología nos brinda para enviar y recibir mensajes es inmensa. Podemos agregar la inmediatez, las posibilidades de intercambiar mensajes en tiempo real. Los que tenemos cierta edad nos preguntamos ahora cómo hacíamos antes.

¿Mejoró la comunicación interpersonal? Muchos creemos que no. Mejoraron (y mucho) los medios y los tiempos, pero no mejoró el acercamiento entre las personas. Todavía, algunos pensamos que nada reemplaza una conversación cara a cara, mirarse a los ojos o simplemente mirarse, escuchar "en vivo y en directo" la voz del otro y la propia voz, sentir la vibración corporal que se produce en el encuentro con el otro. Todavía eso es irreemplazable.

No desestimo los beneficios tecnológicos; soy usuario de la tecnología, mantengo reuniones con clientes del exterior por videoconferencia desde la comodidad de mi escritorio. De la misma manera, también, he brindado clases y charlas en distintas universidades.

Sin embargo, también fui testigo (y alguna vez, protagonista) de malentendidos y distorsiones de mensajes por mail, de mensajes de texto enviados por celular, de mensajes de whatsapp, o por medio de cualquiera de las difundidas redes sociales.

Veo diariamente cómo las personas se han convertido en verdaderos lingüistas y expertos en semántica interpretando textos, ya sean de dos o de cincuenta palabras. La atribución de sentido, la adjudicación de tonos a la palabra escrita, el uso de figuras que reemplazan al texto (los emoticones me recuerdan los jeroglíficos egipcios), la extendida costumbre de restar letras a las palabras, el uso de un repertorio pequeño de palabras para escribir sobre cualquier tema; todos estos fenómenos pueden generar infinidad de malentendidos y suelen ser potenciales fuentes de situaciones conflictivas.

Las emociones, las creencias, la historia, la cultura

Las sociedades, las familias, las personas, tenemos una historia, una cultura, creencias, expectativas, costumbres, que funcionan como filtros en la comunicación de los interlocutores; esos filtros determinan desde dónde hablamos y desde dónde escuchamos. Las jergas, los códigos compartidos, la deformación profesional, al mismo tiempo que pueden acercar a algunos interlocutores, pueden alejar a otros.

Suelo preguntar a quienes me consultan si les interesa conservar o no la relación con un interlocutor determinado.

Si la respuesta es negativa, no es necesario hacer nada en especial. Si la respuesta es que hay interés en conservar el vínculo, entonces es necesario tomar en cuenta todas estas consideraciones mencionadas, para que ese vínculo se sostenga. Por supuesto, es necesaria la reciprocidad, ninguna relación se sostiene desde un solo lado.

En las empresas familiares, salvo unas poquísimas excepciones, todos tienen interés en mantener los vínculos. Como dice Von Moose,[64] en las familias conviven en forma permanente sentimientos que actúan como fuerzas centrífugas (es decir, que alejan a unos de otros): rivalidad, competencia, celos, rabia, rencor... Y otros que actúan como fuerzas centrípetas (que acercan a los miembros de la familia): amor, ternura, cariño, solidaridad, respeto, amistad. Las familias viven y se sostienen en el equilibrio entre estas fuerzas.

Esa es la razón por la cual confío en las fuerzas de la familia para sostener su cohesión y no me asusto cuando actúan las fuerzas centrífugas. Cuando parece el fin del mundo, es el momento en que comienzan a actuar las fuerzas centrípetas y se van acomodando las cosas. Lo que no quiere decir que no haya que hacer nada, porque estas idas y vueltas generan un gran desgaste. El objetivo es que los momentos de fuerzas centrípetas sean más extensos e intensos en el tiempo, y que los de fuerzas centrífugas sean más espaciados, más breves y de menor intensidad cada vez.

Empatía[65]

Las personas con capacidad empática se comunican mejor que aquellas que la tienen disminuida o que, sencillamente, carecen de ella.

---

64 Von Moose, A., 2006.
65 1. Es el "Sentimiento de identificación con algo o alguien. 2. Capacidad de identificarse con alguien y compartir sus sentimientos", según el Diccionario de la Real Academia Española.

Tener empatía es acompañar al otro, escuchar, tratar de comprender, no juzgar. A veces, simplemente un abrazo en silencio mejora mucho más una relación que una hora de conversación, porque el abrazo favorece la conexión entre las personas.

Se puede acompañar tanto en la alegría como en el pesar. Muchas veces el otro no necesita que uno le diga nada, y menos recibir consejos cuando no los pide.

A veces manifestar "No sé qué decirte, pero quiero que sepas que contás conmigo", o "Gracias por contármelo", vale más que cualquier consejo o sugerencia. "¿Qué puedo hacer por vos?" suele ser una frase mágica para alguien en un determinado momento.

No existe mejor acto empático que el abrazo de un padre/madre a un hijo/a, de un hijo/a al padre/madre, un fuerte abrazo entre hermanos. El efecto sanador del abrazo es intensísimo.

Recuerdo una experiencia de trabajo con un grupo de cuatro hermanos varones al frente de una empresa. Durante las reuniones que hacíamos tenían fuertes discusiones, a veces de alto voltaje, que por supuesto se iban disipando, pero al final, una vez terminada la reunión, en el momento de mi despedida, nos juntábamos los cinco, abrazados formando un círculo sin decir palabra, solo apretándonos fuerte. Eso surgió una vez de manera espontánea y se convirtió en una especie de ritual del fin del trabajo de cada día.

Recomendaciones

- Aun sabiendo que no es posible, ni siquiera aconsejable, perder la comunicación informal en la familia, recomiendo ir disminuyéndola, como parte del proceso de profesionalización necesaria en una empresa familiar.

Sugiero darle cierta organización a la comunicación informal, acordar destinar de quince a veinte minutos al comienzo del día, para conversar asuntos urgentes de la gestión, y, si es necesario, repetirlo al comenzar la tarde. Desaliento conversaciones de temas importantes en los pasillos, en el auto, en el baño, parados y de paso, interrumpiendo la tarea de otros sin previo aviso, o los mensajes inmediatos por celular. Si el tema no es importante, puede esperar, y si es importante, entonces merece acordar un encuentro y hacer una reunión para tratar ese asunto.

A pesar de la creencia extendida son mínimas las cuestiones que no puedan esperar el momento de una reunión acordada. Cuando la necesidad es la ansiedad y no el problema, estamos mal.

Lo mismo vale para las reuniones sociales familiares en las cuales no se puede dejar de hablar del trabajo. Todos los consultores aconsejan separar los asuntos de la empresa de los de la familia, aunque todavía no encontré ninguno que explicara cuál es la manera de hacerlo. De verdad, en la teoría resulta perfecto, pero en la práctica es muy, muy difícil. Entonces, lo que sugiero es no pelear contra lo inevitable y sí acordar algo así como "los primeros veinte minutos los dedicamos a la empresa y después nos dedicamos a disfrutar de estar juntos y a divertirnos…".

- Escuchar. Escuchar es oír y comprender. Parece casi elemental, pero observen que en la escuela nos enseñan a escribir, a leer, a decir… pero no nos enseñan a escuchar. Escuchar con interés genuino, para asegurarnos de comprender lo que el otro nos quiere decir, es quizás la primera y mejor herramienta comunicacional que puedo recomendar.

- Quizás la segunda sea preguntar. Saber preguntar es una herramienta muy noble para la comunicación, evita las interpretaciones y atribuciones que tanto daño producen.
- Peleando el segundo lugar está, como lo comenté antes, la coherencia en lo que uno quiere transmitir; qué se dice, cómo se lo dice, los gestos y las actitudes crean mensajes confusos y poco creíbles si no son coherentes.

A menudo se confunde lo urgente con lo importante; el tiempo dedicado en las conversaciones a lo urgente suele ser mucho mayor que el dedicado a lo importante. Escuché a algunos dueños de empresa conversar con su plana mayor sobre temas que debiera resolver el/la responsable del área. Al ocuparse de temas menores en el más alto nivel, se postergan temas importantes (decisiones estratégicas, planificaciones, etcétera).

En muchas reuniones, las discusiones sobre las relaciones ("me dijiste", "no me dijiste", "vos empezaste", "no, empezaste vos", "¿quién fue...?", "vos tenés la culpa...") llevan más tiempo que el dedicado a los temas por los cuales se reúnen.

Profesionalizar

> ➢ En los últimos años nos acostumbramos a escuchar o leer la palabra "profesionalización" al hablar de empresas familiares. ¿Nos puede explicar qué es y por qué se escucha tanto?

Afortunadamente, hace tiempo que se habla de profesionalización en las empresas familiares. Comenté en varias oportunidades el ciclo (los ciclos) de vida de estas empresas. Comienzan con empeño, esfuerzo y trabajo a pulmón. Es casi inevitable que estas condiciones impliquen cierto desorden, lo que no impide que la empresa crezca. Luego, en este proceso de crecimiento, llega un momento en que el desorden se convierte en una barrera para el crecimiento, ya no alcanza con el empuje y el trabajo a pulmón.

Aquel "todos hacemos de todo" ya no sirve, ni sirve el "vamos viendo", y el "lo hacemos y vemos qué pasa", tampoco. El mundo del trabajo, el del comercio, el de las finanzas, el de la producción cambiaron. La informática –como lo comenté– influyó enormemente en estos cambios. Existe inmediatez en la circulación de la información, se hacen negocios las 24 horas. Los medios de producción y la oferta de servicios cambiaron, lo mismo que el público consumidor y la exigencia de la demanda.

Estos cambios exigen modificar las formas en las que se trabaja en las empresas. Es tal la cantidad de variables que hay que tener en cuenta en el funcionamiento, que es imposible mantener cierta eficiencia solamente con el empuje, la intuición y la experiencia. No se puede improvisar. Hace falta sumar conocimiento, porque hoy en día lo que hay que saber tiene mucho más volumen que hace treinta años atrás. Se impone la diferenciación en las áreas de trabajo, así como la distribución de tareas y responsabilidades. Aumenta la complejidad.

A esta suma de conocimiento, a la diferenciación de áreas, a la distribución de tareas y funciones, a la generación de procesos llamamos profesionalización de la empresa familiar. Se trata de establecer metodologías claras en cada área de la empresa.

No se trata –como se podría creer en una primera instancia– de contratar profesionales ajenos a la familia; se trata de pensar y organizar lo que se hace en la empresa. Perfectamente pueden hacerlo los miembros de la familia, si tienen la formación suficiente. Si no, se acudirá a profesionales externos, aunque tampoco se trata de crear estructuras rígidas y burocráticas.

> ➤ **Me imagino que no debe de ser nada sencillo profesionalizar una empresa. ¿Cómo se hace?**

Nada sencillo; son muchos los aspectos que integran el concepto genérico "profesionalizar la empresa". Veamos algunas pautas que pueden ayudar a las familias empresarias:

Profesionalizar la gestión

No es el objetivo de este libro profundizar en este tema. Existe, además, bibliografía abundante al respecto, tanto en libros como en artículos. Incluso, en mis obras anteriores me extiendo sobre el tema, pero igualmente puedo comentar algunas cosas.

En primer lugar, la profesionalización de la empresa es un proceso que lleva tiempo, mucho tiempo. Cuánto tiempo, depende del tamaño de la empresa, del rubro y también del tamaño de la familia. Además, es un proceso que se hace en etapas y con avances parciales. Tengamos presente que cualquier proceso de cambio –como es el de la profesionalización– se hace con la empresa funcionando y produciendo. También resulta muy complejo hacerlo.

El primer paso, siempre, es tomar la decisión de hacerlo. A veces esta decisión es imperceptible; algunas empresas que me consultaron, entre otras cosas, me hablaban de que tenían que profesionalizarse, sin darse cuenta de que ya se estaban profesionalizando, de que habían iniciado ese proceso pero "no lo sabían".

Es posible que en los primeros momentos sea necesario contar con especialistas externos. Entonces, la elección de ellos es importante. Recomiendo elegir profesionales que evalúen bien las características de cada empresa y ofrezcan un servicio a medida de cada una. Quizás el costo sea un poco mayor en un comienzo, pero abaratar costos adquiriendo productos estándar, de aplicación para cualquier tipo de empresa, a la larga puede resultar en costos más significativos. Conviene revisar los antecedentes y, si es posible, conocer a otros clientes y conversar con ellos.

Profesionalizar la familia

Es importante que los miembros de la familia, además de su pertenencia, cuenten con las aptitudes que requiere la empresa. Una cosa es administrar un capital y/o patrimonio, y otra es gestionar una empresa. Posiblemente los fundadores hayan aprendido "a los golpes", con ingentes esfuerzos. El entusiasmo, la visión, la imaginación y la dedicación suplían la falta de formación o de estudios. Quisiera ser claro en lo siguiente: la formación no solo se adquiere con una carrera universitaria; un título universitario es muy importante y recomendable, pero tampoco es suficiente. Fui testigo de infinidad de errores muy costosos para la empresa, sugeridos por académicos que aplicaron lo aprendido en la universidad. Presencié típicas discusiones entre padres fundadores sin estudios especializados, con sus hijos graduados universitarios, intentando convencerse a unos a otros de las virtudes de su conocimiento. La confrontación es una pena porque no se trata de eso, se trata de integrar la experiencia con el conocimiento.

Contratación de profesionales

No es sencillo contratar profesionales para una pyme familiar. Muchas veces, buenos profesionales quedan fuera del presupuesto y profesionales mediocres significan un costo grande con el tiempo. Ese equilibrio entre lo que se puede pagar y la calidad del servicio que se necesita no es sencillo, pero se puede conseguir. Hay que buscarlo. Habitualmente recomiendo esperar, antes que contratar por apuro a alguien que no reúne las condiciones.

Tampoco es fácil para el profesional moverse dentro de una pyme familiar. No siempre está muy claro quién es su referente y de quién debe recibir indicaciones, ni con quién debe conversar ciertos temas. Muchas veces queda expuesto al "fuego cruzado" de un conflicto familiar que incide directamente en su trabajo.

Algo que evalúan muchos profesionales antes de incorporarse a una pyme familiar es la posibilidad de hacer carrera en la empresa. La existencia de nuevas generaciones de la familia habitualmente se convierte en un techo para el desarrollo del profesional. Sin embargo, eso no es muy diferente en las empresas en general, en las cuales los ciclos laborales son mucho más breves que lo que eran años atrás.

Aunque, por otro lado, incorporarse a una pyme familiar tiene sus ventajas para un profesional (contacto directo con los responsables –dueños– de la empresa, participación en el "clima familiar" que habitualmente existe en estas empresas, cierta libertad para tomar decisiones, menor burocracia para llevar adelante proyectos). Conozco casos de profesionales que han resignado puestos de relación de dependencia en una multinacional, para acceder a un lugar distinto en una pyme familiar, por estas razones descriptas.

Para que la relación dueños/profesional funcione, es necesario que el contrato inicial sea muy claro en cuanto a funciones, tareas, referentes; todo lo que pueda estar definido desde el inicio ayuda.

También vi situaciones destinadas al fracaso desde el comienzo, de pymes familiares que contratan un gerente general cuya misión principal pasa a ser la de una especie de mediador o árbitro en las disputas familiares. Fracasan por dos motivos: uno, porque es algo no explicitado claramente de entrada, y otro, porque, habitualmente, un gerente general se ocupa de la gestión y no tiene la formación necesaria para intervenir en ese tipo de conflictos. Al menos en los ejemplos que conozco, permanecen entre un año y medio a dos años, hasta su desvinculación, con el desgaste que eso representa para la empresa.

Se les habla de una autoridad que no se traduce en los hechos. En las empresas en que estos vínculos son exitosos, se les ofrece un contrato claro, se les paga bien, se ofrecen incentivos para retenerlos, y se les delega genuinamente, además de darles libertad de acción, con algunas limitaciones aclaradas en el contrato inicial.

> **¿Son suficientes estos elementos para hablar de la profesionalización de una empresa familiar?**

Son condiciones necesarias pero no suficientes. Usted me preguntará que más hace falta y le voy a contar. Son tres puntos más.

Algunas de estas cuestiones dependen del tamaño de la empresa, del tamaño de la familia y del momento evolutivo de ambas (años de funcionamiento y cantidad de generaciones presentes).

Los siguientes ingredientes tienen más que ver con el orden y con la prolijidad del funcionamiento, que con la gestión propiamente dicha, aunque con una incidencia directa sobre esta.

De lo que sigue, también existe abundante bibliografía que trata con profundidad cada uno de estos temas; por eso voy a referirme a ellos de una manera general, remitiendo a esa bibliografía las cuestiones específicas, para consulta de aquellos lectores a quienes les interese profundizar.

Establecer órganos de gobierno[66]

Como se describe en casi toda la bibliografía existente sobre empresas familiares, estas se definen por su conformación de tres subsistemas: familia, propiedad y negocio. Cada uno de estos subsistemas tiene objetivos y necesidades diferentes, que a veces entran en colisión y entonces se producen fricciones. La familia necesita mantener la armonía y apunta a ello, la propiedad apunta al incremento y a la rentabilidad, y el negocio, al crecimiento y a la eficiencia. Para alcanzar estos objetivos, es necesaria una buena gestión.

Cada uno de los subsistemas, con sus necesidades y objetivos diferentes, requiere algún tipo de dirección, necesita ser dirigido. Para eso existen –y se definieron– los órganos de gobierno de las empresas familiares.

La mayor garantía para acercarse a la tan preciada y pocas veces conseguida separación familia/empresa es entender que las conversaciones sobre los asuntos de cada uno de los subsistemas necesita espacios diferentes, participaciones diferentes, agendas diferentes y frecuencias de encuentros diferentes.

Es razonable pensar que estas diferenciaciones demandan de los miembros de la familia esfuerzos para juntarse

---

66 Mi colega, el ingeniero Antonio Antognolli es quizás uno de los profesionales que más conocen y con más claridad definen y explican la importancia de los órganos de gobierno. Remito a los lectores a buscar sus artículos, que son muy claros al respecto.

y mantener cierta prolijidad. Pero no tengan dudas los lectores de que muchísimos más esfuerzos y costos demanda no hacerlo.

Para la familia, tenemos el **Consejo de familia y la Asamblea familiar**. Son reuniones familiares para conversar sobre temas de la familia. El Consejo de familia es un grupo pequeño de familiares representativos de todos los grupos familiares (en el caso de familias numerosas). Se reúne cada dos o tres meses y revisa la existencia de conflictos o desencuentros; algunos pueden funcionar como mediadores para zanjar alguna cuestión familiar. La Asamblea familiar está formada por todos los miembros de la familia, trabajen o no en la empresa, incluso menores adolescentes. Se reúne una o dos veces por año y tiene el objetivo de consolidar y afianzar los vínculos familiares, así como mantener vigentes los valores de la familia y el ámbito para transmitir la cultura de dirección. También, para legar la propiedad emocional de la empresa. Son los que deben participar en la construcción del protocolo, como veremos un poco más adelante.

> *En definitiva, se trata de transformar una "familia tradicional" en una "familia empresaria". La familia tradicional está unida por una historia, un pasado en común; la familia empresaria está unida por un futuro, un proyecto en común.*[67]

Para los accionistas, tenemos la **Junta de accionistas**. De ella participan todos aquellos que sean propietarios de acciones, independientemente del porcentaje que represente cada uno. Son reuniones estratégicas, en las que se definen los grandes temas patrimoniales, las inversiones, la compra y venta de negocios, la apertura de unidades de negocios. Se establecen los dividendos, se evalúa la marcha de la empresa o las empresas de las cuales la familia es propie-

---

67 Antognolli, S., 2012.

taria. Son reuniones que se realizan una o dos veces al año, según sean las necesidades del grupo empresario.

Es un espacio para analizar la marcha de los negocios, para ver los números, para evaluar los resultados. Con la evaluación de los resultados operativos, se controlan gastos, pérdidas y ganancias, se deciden inversiones y se evalúa la gestión de los gerentes.

Para el negocio, tenemos la **Alta gerencia o Directorio**, integrado por todos aquellos que ocupan cargos de gestión; es decir, los gerentes de área. Participan familiares y no familiares responsables de generar rentabilidad. Es el espacio en el que se conversa el día a día de la gestión. Para eso es necesario que estén definidas las responsabilidades de cada uno de los sectores y/o áreas operativas.

Es común que las expectativas para estas funciones estén puestas en las nuevas generaciones; esto requiere la preparación y designación de los más aptos. Recuerdo que hace unos años alguien me cuenta que cuando su padre, segunda generación en la dirección de la empresa, lo llevó a trabajar allí (una industria textil) le abrió la puerta, lo hizo pasar y le dijo: "Arreglate". El muchacho tenía 18 años, recién había terminado el secundario y no tenía experiencia laboral anterior. Esta es una manera de construir fracasos en las nuevas generaciones. Con buena fe, con el objetivo de que el hijo "se haga desde abajo" y "aprenda a los golpes", se lo incorpora a la empresa sin la mínima preparación ni acompañamiento. En general, los resultados no son buenos, y el intento termina siendo ineficiente e incluso antieconómico. Los demás lo ven como "hijo del patrón" y esperan que aporte algo que no está en condiciones de dar. En cambio, en la misma situación, el padre podría pedirle a un empleado con experiencia que lo guíe en sus primeros pasos.

La línea gerencial debe rendir cuentas sobre la marcha del negocio frente a los accionistas, es la responsable de llevar a la práctica los objetivos que aquellos definen para la empresa. Quizás sea el espacio que necesite de un mayor profesionalismo, en el sentido de disponer de metodologías, pautas claras, planes, objetivos de corto y de mediano plazo, mecanismos de evaluación.

Cuando estas líneas gerenciales son ejercidas por miembros de la familia, se corre el riesgo de confundir aspectos operativos con aspectos afectivos e históricos. Se confunde un llamado de atención sobre algún punto de la gestión que no está funcionando bien con un "Te quiero menos" o "No te quiero más". Así es como comienzan los reclamos de un hijo, en estos términos: "Ya sé, como siempre el culpable soy yo" o "Al final van a conseguir lo que quieren, que me vaya". O, por el contrario, los de un padre que dice: "Ahora resulta que lo que yo digo no sirve para nada" o "Y lo que me rompí el alma todos estos años, ¿no tiene ningún valor?".

Un nivel gerencial se reúne periódicamente, incluso puede haber reuniones parciales de los responsables de algunos de los sectores, aunque es conveniente que todo el grupo se junte no menos de un par de veces al mes.

En síntesis, cada subsistema necesita sus momentos exclusivos, con la mente focalizada en los temas pertinentes. En la reunión de accionistas, se debe pensar exclusivamente como accionistas; en la de gerentes, pensar exclusivamente como gerentes, y en la de familia, se debe pensar y sentir como familiares.

Transición ordenada y planificada de la dirección

> ➤ **Antes de que comience, ¿por qué habla de transición cuando lo más común es que se hable de sucesión?**

Lo hago por un par de motivos. Por un lado, la palabra "sucesión" es tradicionalmente utilizada para denominar los procedimientos que se realizan después del fallecimiento de una persona ("Tenemos que hacer la sucesión" o "¿Ya empezaron la sucesión").

Cuando se trata de pensar en la gestión de la empresa familiar, elijo la palabra "transición" para alejar la idea de muerte. La transición de la dirección de una empresa familiar es un tema de vida, no de muerte. Desde mi punto de vista, la asociación de "muerte" y "sucesión" es uno de los factores importantes que explican por qué es tan dificultoso tratar estos asuntos con las familias empresarias.

Por otro lado, quiero dar la idea de un proceso que necesita tiempo. No se trata de que un viernes es director uno y el lunes es director otro. Si se quiere hacer en forma prolija y ordenada, debe tomarse mucho tiempo.

➢ **Comprendo. ¿Y por qué es tan difícil? ¿Por qué a las familias les cuesta tanto abordar este tema, aun sabiendo que es ineludible?**

Mire, son varias las cuestiones. Todo el mundo sabe que es un tema que se debe tratar, pero no se trata. Para nadie es fácil aceptar el paso del tiempo; ni para aquellos que ya llevamos gran parte de la vida hecha, ni para aquellos que tienen que ir asumiendo nuevas responsabilidades. De manera que tenemos algunas personas con mucho pasado y otras con mucho futuro; entonces, en ambos casos se generan incertidumbres difíciles de disipar.

Muchas veces, aquellos que comienzan a asumir puestos de dirección no confían en su propia capacidad, pueden no sentirse del todo seguros, ya que siempre hubo otra persona sobre la que recaía la decisión final. Muchos creen que todavía les falta un "poco más de formación". Tengamos presente que es una gran responsabilidad hacerse cargo de una empresa que ya está formada y consolidada, y si no se hacen las cosas bien, hay mucho que perder.

También hay responsabilidades que se deberán compartir entre pares (hermanos y primos), con quienes, más allá del afecto, hay una historia de la relación, con sus pro y sus contra y, muchas veces, con "cuentas pendientes" por saldar.

Y están aquellos que van dejando las funciones de máxima responsabilidad, ("los que se van"), aunque son muy pocos aquellos que de un día para el otro dejan de participar en la empresa. Se trata de un proceso pero... caminar hacia en la dirección de dejar el barco no es nada sencillo. No es emocionalmente fácil ir dejando un proyecto por el cual se entregaron los esfuerzos de muchos años.

Además también aparecen temores por el futuro: en lo económico, no todos tienen asegurada su sustentabilidad de por vida, el temor a la dependencia económica de los hijos es fuerte; disponer de tiempo libre, cuando una persona "ha vivido" para la empresa no está acostumbrada a disponer de tiempo "para sí". Muchos padres tienen temor a conflictos futuros entre los hijos (es uno de los motivos de consulta más frecuentes: "No quiero que mis hijos se vayan a pelear").

Y hay otro tema no menor: "Nadie puede hacer las cosas mejor que yo", "Nadie conoce cada rincón de la empresa mejor que yo". Ambas cosas pueden ser ciertas, pero no tendrían que ser una traba para la transición. Obviamente, como cualquiera, la nueva generación cometerá errores; se equivocará, del mismo modo que se equivocaron las generaciones anteriores.

➢ **¿Puede darnos algunas recomendaciones sobre este tema?**

Por supuesto que sí. En primer lugar, una pregunta habitual es cuándo comenzar. La experiencia enseña que cuanto más temprano se empieza, mejores son los resultados. En este punto, hay coincidencia entre todos los consultores.

Obviamente, el proceso se inicia de a poco, invitando a los jóvenes a presenciar reuniones y entrevistas, delegando algunas funciones y responsabilidades, comenzando por las más sencillas, alentando siempre a pesar de los errores.

- Se debe transmitir amor por la empresa. Si los hijos escuchan a los padres quejarse y protestar por los problemas de la empresa, difícilmente se interesen por ser parte de ella.
- Hay que tener en cuenta las necesidades de la empresa y los intereses de los hijos. La empresa no puede ser una agencia de empleos para la familia, ni nadie debe trabajar en un lugar cuyas actividades no le resulten atractivas, o no estén dentro de lo que siente como su vocación.
- Comenzar con tiempo permite ir preparándose y disminuye los riesgos de la improvisación. La profesionalización y el protocolo son herramientas muy nobles para acompañar este proceso.

Permítame que insista en esto: la transición generacional de la dirección de la empresa es un proceso vital, ligado a la vida.

Protocolo

> ➢ **¿Nos puede comentar qué es, cuándo se hace, quién lo hace, quiénes participan del protocolo?**

El protocolo es un acuerdo establecido entre los miembros de la familia, que establece cómo se tratarán ciertos asuntos en el futuro, tanto en la empresa como en la familia. No resuelve conflictos vigentes, sino que ofrece instrumentos para prevenir y tratar conflictos futuros.

Es un acuerdo en el que se pueden plasmar diferentes acuerdos sobre cada uno de los temas que estuvimos tratando en este capítulo de herramientas. Así se convertirá en la "herramienta de todas las herramientas".

El protocolo se establece cuando las cosas están bien en la familia y en la empresa. Muchas veces, por la difusión que existe actualmente de estos temas, se genera la fantasía de que si una familia establece el protocolo resuelve todos sus problemas. No es así. No resuelve ninguno. Los problemas hay que resolverlos antes, y recién cuando las cosas mejoran, podemos pensar en comenzar con el trabajo del protocolo.

El protocolo lo establece la familia, es de la familia y refleja los acuerdos de la familia. Los consultores somos guía, asesoramos, informamos, sugerimos, pero no decidimos.

Es un documento cuya fortaleza es moral aunque existen algunos recursos legales a través de los cuales se pueden protocolizar legalmente. En Argentina no existe todavía una legislación que permita homologar jurídicamente dicho contrato, aunque se le puede otorgar mayor fuerza, por ejemplo, si se lo incorpora como parte del estatuto de la sociedad.

De todos modos ratifico que su mayor fortaleza está en el compromiso moral de todos los miembros de la familia. Compromiso moral que se va gestando a lo largo de todo el proceso de construcción del protocolo. Según mi experiencia es tanto o más importante todo el proceso de conversaciones entre los miembros de la familia que el documento final.

Las mismas familias agradecen la posibilidad de facilitar conversaciones que nunca se han tenido o conocer puntos de vista de otros que mas allá que sean o no coincidentes no conocían. Es un proceso que acerca mucho a los miembros de la familia.

Mi sugerencia es que participen todos los miembros de la familia consanguínea, ya sea que trabajen o no en la empresa, y los menores a partir de cierta edad (variable, según los autores, pero los dieciséis años son una edad apropiada para incorporarse). Una vez alcanzados los acuerdos, también sugiero que los miembros de la familia hagan partícipes a sus cónyuges de su contenido. Cuando digo "hacer partícipes" quiero decir que sean informados; incluso sugiero que estén presentes en el momento de la firma, y también que lo rubriquen. Esto tiene el objeto de dejar constancia de que están al tanto de lo que su cónyuge acordó con su familia de origen. Evita las sospechas, los chismes, e impide alegar desconocimiento en el futuro... ("Ah...yo no sabía que habías arreglado esto con tu familia...").

La firma del protocolo es una especie de ceremonia de la familia que debiera ser celebrada como tal. Incluye infinidad de cuestiones, depende –tal como mencioné en varias oportunidades– del momento evolutivo de la familia y de la empresa, de las edades de los más "viejos" y de los más "jóvenes", de la edad de la empresa. Según sea el protocolo, podría tomar algún sesgo más de mayor importancia en algunos puntos que en otros.

El protocolo es un documento vivo e incluye cláusulas de revisiones periódicas, por lo cual, con los años, puede ir acompañando la evolución, tanto de la empresa como de la familia. A la vez, puede ir incorporando aspectos que no habían sido tomados en cuenta anteriormente.

➤ **Está claro que si el protocolo lo hace cada familia, no habrá dos protocolos idénticos. Pero ¿nos puede dar una idea general de los puntos que habitualmente se incluyen?**

Sí. Simplemente a modo de ejemplo y sin ánimo de dar un listado completo, les presento una serie de puntos que se incluyen habitualmente en un protocolo. No son excluyentes y su orden no refleja prioridades ni grado importancia.

Sobre la historia. Misión y visión

Un relato de la historia de la empresa desde sus orígenes, contada por el miembro de la familia de mayor antigüedad en la empresa. Recomiendo que el relato no sea una cronología (tal día compramos esto, tal día nos mudamos a un lugar más grande), sino un texto que refleje las emociones que acompañaron el desarrollo; cuáles eran los sueños, las expectativas de los fundadores. Es la manera de transmitir los valores a las nuevas generaciones y de mantener la mística de la empresa.

Siempre es bueno conversar y acordar sobre cuál es la misión de la empresa, y sobre cómo quiere la familia que sea la empresa y a qué se compromete para lograrlo. En síntesis, cómo se imagina la familia a sí misma y a la empresa familiar en los próximos años.

Del mismo modo, construir una visión compartida ayuda a alinear los esfuerzos y a "tirar todos para el mismo lado".

Sobre la participación

- Establecer requisitos para el ingreso de familiares.
- Determinar funciones, tareas y responsabilidades de los miembros que ingresen.
- Establecer qué se hace cuando un miembro de la familia no se desempeña bien.
- Definir qué se hace cuando un miembro de la familia elige retirarse del negocio.
- Precisar si se permitirá o no que los cónyuges y otros parientes no consanguíneos trabajen en la empresa.

Sobre las relaciones en la familia

- Establecer cómo manejar los conflictos generacionales.
- Determinar cómo manejar los conflictos entre hermanos.
- Establecer cómo transmitir a los parientes políticos la tradición familiar y la de la empresa.
- Definir quién traspasará a la generación siguiente las costumbres familiares y quién dirigirá las actividades familiares en el futuro.

- Precisar cómo se tomarán las decisiones que afecten el futuro de la familia.
- Definir las funciones del Consejo de familia.

Sobre las remuneraciones y la propiedad

- Establecer cómo establecer las remuneraciones de los miembros de la familia. Fijar pautas.
- Determinar qué tipo de sociedad se establece.
- Establecer cómo se distribuyen las acciones y qué valor adquiere cada una.
- Definir cómo se establecen las utilidades y su distribución.
- Determinar las funciones de los accionistas.
- Precisar qué hacer en el caso de fallecimiento o discapacidad de un accionista.

Sobre la gestión de la empresa

- Definir funciones y responsabilidades de gestión.
- Establecer distribución de tareas.
- Determinar áreas de incumbencia y jurisdicciones. Definir responsables.
- Designar y definir funciones de los gerentes.

Sobre la responsabilidad con la familia y con la comunidad

- Establecer cómo se ayudará a los miembros de la familia que tengan necesidades económicas o profesionales.
- Definir qué responsabilidades tiene un miembro de la familia con respecto a los demás. Qué hacer en casos de divorcio.
- Determinar qué hacer si algún miembro de la familia comete un delito o actúa de manera gravemente irresponsable.

- Precisar con quién se compartirá información acerca de la situación financiera y hasta qué punto.
- Definir cómo se protegerá a los buenos empleados extrafamiliares.
- Establecer cómo se apoyarán las innovaciones empresarias de los miembros de la familia. Hasta qué punto se expondrá públicamente y cómo se enfrentarán las expectativas públicas que genera una familia exitosa.
- Delinear qué responsabilidad tiene la empresa familiar ante la comunidad.

Insisto en que este listado no es completo. Su ordenamiento no obedece a jerarquías ni a juicios de valor sobre los asuntos listados. Cada familia y cada empresa familiar son diferentes; por lo tanto, los temas por incluir en el protocolo se discutirán y definirán en cada caso.

IMPORTANTE

El diálogo, la formación, el consenso, la flexibilidad, la profesionalidad y el amor, tanto entre familiares como entre los miembros de una empresa familiar, son algunas de las características o habilidades que están presentes en aquellas que funcionan y perduran.

Anexo para consultores
(y para no consultores también)

Sobre los modelos y otras cuestiones

El objetivo de este anexo es exponer modelos y herramientas que me son de utilidad en el momento de recibir la consulta de una familia, que me ayudan a entender la dinámica de una familia empresaria y a intervenir en situaciones difíciles.

Para formalizar ideas que permitan mejorar la comprensión del funcionamiento familiar, diferentes especialistas han diseñado modelos que nos sirven como herramientas para pensar las familias que nos consultan. Por supuesto que los modelos no son nada más que eso, modelos teóricos. El uso de modelos tiene sus beneficios y sus riesgos; ayudan a pensar y nos dan orientación, pero también a veces se utilizan como una especie de corsé en el que "tiene que encajar la familia" (como en el mito de Procusto).[68] Esto representaría un grave error, ya que en lugar de acercarnos con empatía a la familia, estaríamos haciendo un acercamiento teórico que nos mantendría alejados, con la consiguiente imposibilidad de ayudarlos adecuadamente.

---

68 Procusto era un malhechor dueño de una posada, que ofrecía albergue al viajero. Les asignaba una cama de una única medida, a la cual los ataba de manos y pies. En caso de que el huésped fuera alto, procedía a cortar las partes del cuerpo que sobresalían del lecho. Si, por el contrario, su estatura era menor que la medida de la cama, lo estiraba a martillazos.

Los modelos cumplen una función. Su conocimiento nos ayuda a ser especialistas. A muchos les parece que a los consultores que tenemos muchos años de experiencia las cosas nos resultan más fáciles, se nos pondera el "ojo clínico", como si tuviéramos un don. No es así. El estudio, la formación, los cientos y miles de horas de conversaciones con familias, todo esto nos permite visualizar situaciones de otra manera que como lo hace la gente común. Del mismo modo, un ajedrecista profesional visualiza las piezas en el tablero de una manera totalmente diferente de cualquiera de nosotros.

Esa es la función de los modelos, del estudio y la formación: permiten visualizar situaciones familiares en una situación nueva y actuar de la manera adecuada.

1. Modelo circumplejo de Olson

David Olson[69] diseñó con sus colaboradores un modelo en el cual formalizó ideas que unos años antes había desarrollado Salvador Minuchin,[70] y que consistía básicamente en describir una estructura familiar que tuviese en cuenta los límites entre los miembros de la familia y sus subsistemas, así como el grado de flexibilidad para acomodarse a las circunstancias cambiantes de la vida familiar.

El modelo de Olson propone tomar en cuenta dos variables: la cohesión y la adaptabilidad (más tarde, en 1985, incluyó una tercera variable: la comunicación). Desde allí esboza niveles diferentes en cada variable, que permiten describir algunas características típicas de las familias, según sean las características que reúnan.

Define la cohesión como el vínculo emocional que nos habla del mayor o menor acercamiento que los miembros de la familia tienen entre sí. Me recuerda el concepto de

---

69 Olson, D., y cols., 1979.
70 Minuchin, S., *op. cit.*

Minuchin, de límites en el interior de las familias. Límites muy rígidos dan una familia desligada y límites difusos dan una familia aglutinada.[71]

Olson, en la variable "cohesión", establece cuatro niveles: desligada (muy baja), separada (baja o moderada), unida (de moderada a alta) y aglutinada (muy alta), como se muestra en la Figura 1.

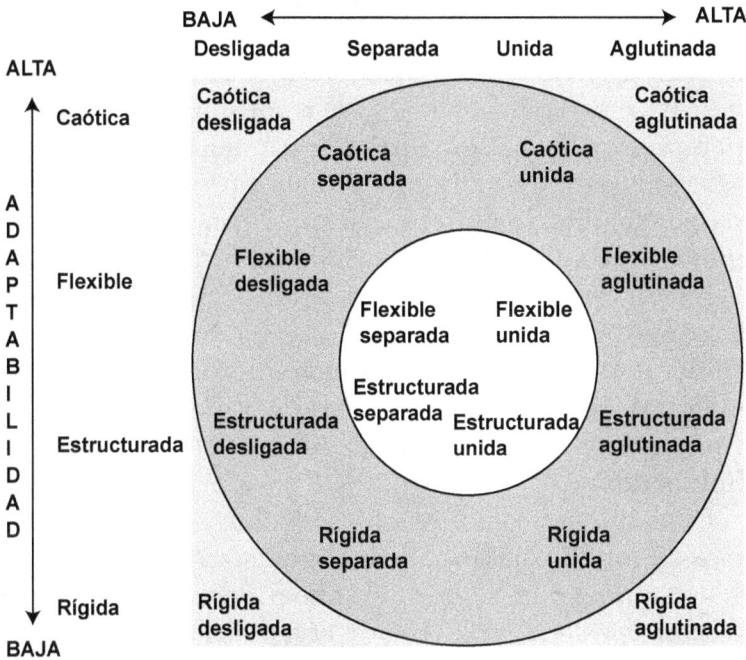

Figura 1

Las familias de cohesión muy baja son las **desligadas**. Por un lado, la comunicación entre ellos es casi inexistente, y la autonomía muy grande, al punto de que la familia pierde la función protectora y de acolchamiento. Existe escaso apego emocional. Algunas expresiones lo muestran de

---

71 Minuchin, S., *op. cit.*

manera diversa, las más clásicas son: "Cada uno hace lo que quiere", "Nunca hablamos entre nosotros", "Ninguno sabe en qué anda el otro", "No nos juntamos ni para un cumpleaños".

En el otro extremo, encontramos las familias **aglutinadas**. Con límites difusos, se vuelcan hacia sí mismas, con un aumento de la comunicación y la preocupación entre los miembros de la familia. Según Olson, desarrollan una sobreidentificación con la familia, en el sentido de una fusión psicológica y emocional, con exigencia de lealtad y consenso que frena la independencia, la individuación o la diferenciación de sus miembros. Escuchamos: "Nos contamos todo", "Nadie hace nada sin contarlo", "Nos consultamos todo, todo el tiempo". La tecnología ofrece instrumentos un poco más sofisticados para esto mismo: "Tenemos un grupo de whatsapp de la familia, lo usamos mucho", "Con los celulares, sabemos dónde está cada uno"… "Por seguridad", aclaran.

En un espacio intermedio, están las familias **separadas** (cohesión baja a moderada) y las **unidas** (cohesión alta a moderada). Es en estos espacios intermedios donde se encuentran la mayoría de las familias, en condiciones que permiten tener experiencias equilibradas entre la unión y la independencia.

Estas diferenciaciones no especifican necesariamente juicios de funcionalidad y disfuncionalidad o patología. Todas las familias van alternando experiencias en diferentes subsistemas y en la evolución de la familia. Sin embargo, el sostenimiento en el tiempo del mismo tipo de vínculo nos acerca a los extremos, áreas de posibles patologías.

"Adaptabilidad" es la habilidad del sistema para cambiar su estructura de poder, la dinámica entre los roles y las reglas de las relaciones familiares, como respuesta a estresores evolutivos (propios del desarrollo) y situacionales.

Dice Minuchin[72] al respecto:

---

72 Minuchin, S., *op. cit.*

Una familia se encuentra sometida a presión interna originada en la evolución de sus propios miembros y subsistemas y a la presión exterior originada en los requerimientos para acomodarse a las instituciones sociales significativas que influyen sobre los miembros familiares. La respuesta a estos requerimientos, tanto internos como externos, exige una transformación constante de la posición de los miembros de la familia en sus relaciones mutuas, para que puedan crecer mientras el sistema familiar conserva su continuidad.

En este proceso de cambio y de continuidad las dificultades para acomodarse a las nuevas situaciones son inevitables.

Es posible que al concentrarse en la dinámica familiar, los terapeutas familiares (consultores) minimicen este proceso, del mismo modo en que el terapeuta dinámico puede minimizar el contexto del individuo. El peligro de esta actitud es el excesivo énfasis en la patología. Los procesos transicionales de adaptación a nuevas situaciones, en los que la falta de diferenciación y la angustia que caracteriza a todos los nuevos procesos, pueden ser considerados así erróneamente como patológicos.

Sin embargo, el enfoque de la familia como un sistema social en transformación, esclarece la naturaleza transicional de determinados procesos familiares. Requiere una exploración de la situación cambiante de la familia y sus miembros, y de sus dificultades de acomodación.

De acuerdo con esta orientación, un número mucho mayor de familias que se incorporan a la terapia deberían ser consideradas y tratadas como familias corrientes en situaciones transicionales, que enfrentan las dificultades de acomodación a nuevas circunstancias. La etiqueta de patológica debe reservarse a las familias que frente a esas tensiones incrementan la rigidez de sus pautas y límites transaccionales, y evitan o resisten toda exploración de variantes. En las familias corrientes, el terapeuta confía en la motivación de la familia como el camino para la transformación. En las familias patológicas, el terapeuta debe convertirse en actor del drama familiar, incorporándose a las coaliciones existentes para modificar el sistema y desarrollar un nivel diferente de homeostasis.

Olson define los extremos de la adaptabilidad: familias **rígidas** (adaptabilidad muy baja) y familias **caóticas** (adaptabilidad muy alta).

Las **rígidas** son familias "excesivamente" estables; cuentan con un número limitado de reacciones ante problemas diferentes, las funciones y las reglas no se modifican bajo ninguna circunstancia, ofrecen siempre las mismas respuestas para problemas y situaciones cambiantes. "Siempre hacemos lo mismo", "Somos así". O desafían: "¿Por qué somos nosotros los que nos tenemos que adaptar?".

En el otro extremo tenemos las familias **caóticas**, "excesivamente" cambiantes. Ninguna regla permanece, ninguna función o compromiso se cumple, lo que se dice hoy se desdice mañana. "Nunca sabemos a qué atenernos", "Nadie se compromete a nada y, si lo hace, siempre hay alguien que no lo cumple".

En los espacios intermedios tenemos las familias **estructuradas** (adaptabilidad baja a moderada) y las **flexibles** (adaptabilidad moderada a alta).

En un sistema equilibrado, la familia puede actuar conforme a los extremos de la dimensión cuando sea apropiado, pero que no permanecerá en esos patrones por largos períodos de tiempo. Como resultado de su estilo de funcionamiento, las familias equilibradas tienen un repertorio más amplio de conductas y mayor capacidad de cambio que las familias extremas.

En el ámbito de las empresas familiares, me es útil tomar el modelo de Olson para hacer un diagnóstico aproximado de con qué tipo de familia estoy (sin dejar de insistir en lo cuidadosos que debemos ser con este tipo de diagnósticos, para no rotular a las familias). Si según nuestra apreciación, estamos con una familia que, de acuerdo con este modelo, anda por las orillas, por los cuadros extremos, vamos a tener serias dificultades para llevar adelante procesos que necesiten el compromiso de las familias empresarias, ya sea en mejoras de la gestión, en la profesionalización, en el Protocolo, o en la transición de la dirección. Mi recomendación es, antes de encarar alguno de estos procesos, tratar de llevar a la familia hacia una de las áreas intermedias que permita trabajar en mejores condiciones.

Tengamos presente, como dije anteriormente, que los modelos son esquemas que nos ayudan a pensar pero no reflejan la realidad de la familia. Cualquier definición sobre la familia debe considerar que sus conductas responden a hábitos de funcionamiento, algunos más enraizados que otros, pero hábitos al fin; por lo tanto, como todos, esos hábitos se pueden cambiar. Los hábitos se cambian no atacándolos, sino promoviendo y favoreciendo la creación de otros nuevos. Esa es la tarea de los consultores.

Si somos exitosos en esta tarea, entonces sí podemos avanzar sobre las otras cuestiones.

Apoyado en el modelo de Olson, desarrollé el esquema que se muestra en la Figura 2, poniendo la profesionalización como ejemplo (podría usarse cualquier otro: protocolo, transición de la dirección, nuevos procesos de gestión, cambios en el sistema informático, etcétera).

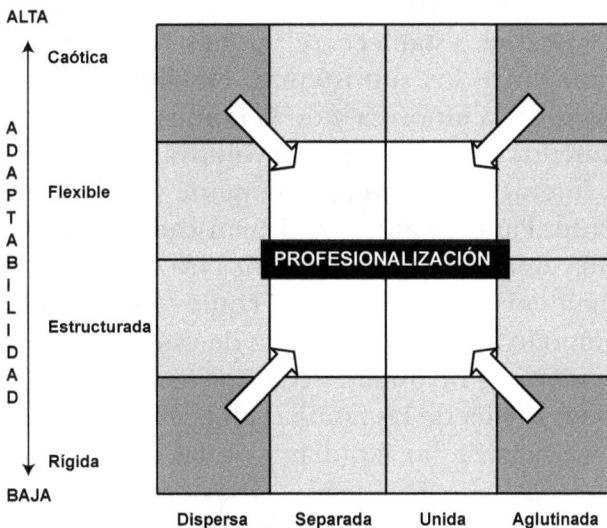

Figura 2

Como se ve, las áreas centrales –en las cuales entran la mayoría de las familias corrientes, como diría Minuchin– son las que señalan el mayor equilibrio emocional y adaptativo a las nuevas situaciones. Estas son las condiciones más favorables para emprender, con expectativas de éxito, algún tipo de desarrollo en la empresa familiar. Si nos encontráramos en algunos de los extremos, estaríamos en condiciones desfavorables para el desarrollo. En ese caso, la familia debería emprender algún tipo de proceso que la ayudara a correrse desde los extremos al centro. De no ser así, cualquier intento de avanzar será mucho más difícil, tendrá un alto riesgo de fracasar en el intento y así perder una oportunidad de mejora.

2. Modelo tridimensional evolutivo de Gersick[73]

Otro modelo interesante es el diseñado por Kelin Gersick y su grupo de colaboradores, que nos ayuda a entender la evolución en el tiempo, aplicable al modelo de los tres círculos diseñado unos años antes, en 1982, por Taguri y Davis[74]. Gersick establece relaciones resultantes de la interacción entre los subsistemas, en diferentes momentos evolutivos de la empresa y de la familia. Cada uno de ellos experimenta una dimensión evolutiva individual; sin embargo, interactúan permanentemente y se influyen respectivamente. Para los autores, si bien cada subsistema es autónomo y tiene su propia dinámica evolutiva, a su vez están estrechamente ligados entre sí, como se ve en la Figura 3.

Como lo aclaré al comienzo de este capítulo, todo modelo es teórico y no quiere decir que todo lo que está escrito suceda en la vida de las familias empresarias siguiendo esos pasos. La vida de las familias y de las empresas familiares

---

73 Gersick, K.; Davis, J.; McCollom, M.; Lansberg, I., 1997.
74 Los tres círculos es un tema ampliamente tratado en la bibliografía, incluso por este autor: Press (2011)

suele ser mucho más compleja que la que puede describirse en un modelo. Como insistí tantas veces a lo largo del libro, cada familia y cada empresa familiar tienen su singularidad. Los consultores debemos estar atentos a estas singularidades, para ayudarlos, y eso supone dejar de lado por un momento los modelos y "escuchar" cuál es el modelo propio de cada familia.

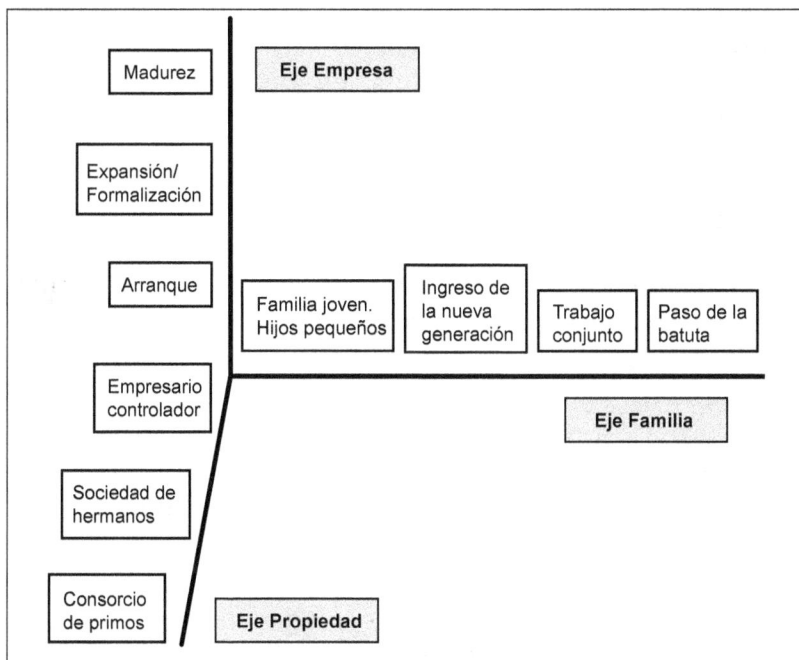

Figura 3

Gersick y sus colaboradores describen lo siguiente:

Dimensión evolutiva de la propiedad

- Nace con un propietario controlador. Esto quiere decir que existe un control de la propiedad concentrado en un individuo o un matrimonio. Si existen

otros propietarios, tienen acciones nominales y no ejercen autoridad como propietarios.
* Suelen pretender incrementar el capital y elegir una estructura de propiedad para la próxima generación.

Sociedad de hermanos

Al aparecer las nuevas generaciones y asumir estas la dirección, encontramos a dos o más hermanos poseedores de la propiedad. Pretenden establecer un proceso para compartir el control entre propietarios, definir la función de los propietarios no empleados, atraer y mantener capitales, controlar la orientación partidaria de las ramas familiares.

Consorcio de primos

Cuando las primeras o segundas generaciones son hermanos, derivan consecuentemente en diferentes ramas que conforman lo que algunos denominan consorcio de primos.

Existen muchos primos accionistas. Es mayor la mezcla de propietarios empleados y no empleados. Se pretende administrar la empresa teniendo en cuenta la complejidad de la familia y los accionistas, las diferencias de intereses y necesidades de los primos, etcétera.

Puedo agregar que, en general, en estos estadios se llega al desarrollo de diferentes unidades de negocios, y se conforma, en muchas ocasiones, un holding de empresas, lo que requiere la participación de directivos no familiares conviviendo con los familiares.

Dimensión evolutiva de la familia

La familia de negocios es una familia joven. La generación adulta es menor de 35 años. No suele haber hijos y, si los hay, son menores. Se pretende crear una empresa conyugal funcional, en la que se toman las decisiones iniciales sobre la relación entre trabajo y familia, etcétera.

Con el crecimiento de los hijos, se produce el ingreso de más familia al negocio: padres de alrededor de 50 años, generación de hijos adolescentes o mayores de 20 años. Se pretende manejar la transición de la edad madura, superar e individualizar la generación de los hijos, facilitar un buen proceso de las decisiones iniciales relativas a la carrera, etcétera.

Con la mayor edad de la nueva generación nos encontramos con todos adultos que deben trabajar en conjunto. Generación de padres con edades entre 50 y 65 años. Generación de hijos entre 30 y 45 años. Se pretende fomentar la cooperación y la comunicación entre generaciones, alentar el manejo constructivo de los conflictos, dirigir la familia de la tercera generación que trabaja en forma conjunta, etc.

Con el paso del tiempo, llega el momento inevitable y temido del traspaso del mando. La primera generación tiene más de 65 años y se desvincula de la empresa familiar. Es la transferencia generacional del liderazgo de la familia.

En este subsistema de la familia, el paso del tiempo implica que se repitan los ciclos, ya que los jóvenes de 30 años llegarán a los 60 con hijos de 30 y, en el mejor de los casos, se seguirá así.

Dimensión evolutiva de la empresa

En general, el arranque y nacimiento se da con una estructura informal de la organización, con el propietario en el centro de todo un producto o servicio. Luego suceden el ingreso en el mercado, la planeación de los negocios, el financiamiento y un análisis racional frente al sueño del fundador.

Continúa una etapa de crecimiento, expansión y formalización. La estructura es cada vez más funcional y compleja. Surgen múltiples productos o líneas de negocios. Se produce un cambio de la función de propietario gerente y sucede la profesionalización del negocio. La empresa requiere planeación estratégica, sistemas y políticas organizacionales, y administración de efectivo.

Como en el caso de la familia, la empresa también madura. Tiene una estructura organizacional que apoya la estabilidad, una base estable o decreciente de clientes, una estructura divisional dirigida por un equipo de gerentes de alto nivel. Cuenta con procedimientos organizacionales bien establecidos, con un enfoque estratégico y posee compromiso de los directivos, así como de los dueños. Existe la reinversión.

3. Núcleo irreductible

En este caso, no presento un modelo, sino una herramienta que utilizo en ciertas ocasiones, cuando se presentan circunstancias que voy a pasar a describir.

A lo largo de mi carrera profesional de algo más de cuarenta y cinco años como terapeuta familiar y como consultor de empresas familiares, en los últimos veinte tuve la oportunidad de compartir una incalculable cantidad de horas de conversación con cientos de familias con problemas. "Miles de horas de silla", haciendo una analogía con las horas de vuelo de los pilotos de aviones.

Cada familia tenía su propia teoría sobre qué le pasaba y por qué. Lo definí en alguna oportunidad como "el cuento que construye cada familia sobre sí misma";[75] agregué entonces que uno de los objetivos de un terapeuta familiar podría ser ayudar a las familias a contarse un cuento distinto, que les diera una imagen más satisfactoria de sí misma y que provocara menos sufrimiento.

En las familias con problemas se suele encontrar declaraciones de fracaso: "Fracasamos como padres", "Defraudé a

---

75 Press, E., 1994.

mis padres", "Estuvimos con muchos psicólogos, psiquiatras, terapeutas... y tuvimos pocos cambios", "Estamos estancados", "En la empresa discutimos horas y nunca nos ponemos de acuerdo". Esa sensación de fracaso suele acompañarse de una enorme desazón y de desesperanza, que contribuyen a generar un reforzamiento de los problemas, como si fuera cosa del destino, lo que se traduce en expresiones como "Ya no sabemos más qué hacer".

En mis encuentros con muchas de esas familias, escuchaba que en sus relatos hacían mención a alguna situación problemática que se mantenía inalterable a través de los años, que "nunca" habían logrado corregir, como un karma de sufrimiento eterno. Podían referirse a una conducta de alguno de sus miembros –siempre la misma y siempre de la misma persona– o a una característica de la familia: "Nosotros somos así" o "Hacemos siempre lo mismo".

En estas circunstancias, lo que la familia no está en condiciones de ver es la cantidad de situaciones y experiencias que favorecen la cohesión y que facilitan que, a pesar de todo, la familia permanezca unida y la empresa funcione. Suele suceder que, en un proceso determinado, una mínima experiencia negativa tiñe de negatividad la totalidad de la experiencia y determina el argumento del "cuento oficial de la familia". Este fenómeno del sentimiento de satisfacción y sus vicisitudes fue estudiado y explicado muy bien por Daniel Kahneman.[76]

En mi práctica profesional, me resulta muy útil definir esa conducta o situación constante y repetitiva como un "núcleo irreductible", para ayudar a estas familias. Una de las características de esta definición es saber que se han intentado varios procedimientos para modificar la situación, todos infructuosos, lo que ha alimentado la frustración y la sensación de fracaso. Muchas veces hago explícita esta

---

76 Kahneman, D.

definición: "Esto es así y no creo que se pueda modificar; va a seguir pasando, aunque trabajaremos para que estas situaciones sean más distanciadas y de menor intensidad".

Paradójicamente, declararse "vencido" ante este fenómeno le quita virulencia y disminuye el efecto distractor que ejerce sobre los otros asuntos de la familia.

¿En qué consiste trabajar "para que estas situaciones sean más distanciadas y de menor intensidad"?

Como lo mencioné anteriormente, esta definición implica una "renuncia" a la "lucha" contra el "núcleo irreductible", sabiendo que esa lucha está destinada al fracaso.

> **¿Entonces qué?**

A tal efecto, busco aumentar la visibilidad de experiencias de satisfacción, aliento con preguntas a recordarlos, a comentarlos, a compartirlos y, al mismo tiempo, aliento y promuevo actividades que generen satisfacciones, tanto en lo familiar como en lo empresario. Todo esto con mucho cuidado de no desmerecer la importancia de ese "núcleo irreductible", lo que les produce sufrimiento y aquello que los trajo a la consulta. Esa es la puerta que nos abren y por ella debemos entrar. Voy a usar un anglicismo para describir la situación: es una cuestión de *timing* o, como hubieran dicho los griegos, hay que estar atentos al *kairós*, que es el tiempo de la oportunidad. No hay recetas para esto. Es un trabajo artesanal con la familia, paso a paso, momento a momento.

Vale la pena aclarar que, a pesar de generar sufrimiento, el "núcleo irreductible" también es funcional a la familia, ya que todos los problemas quedan localizados en uno solo de sus miembros o en una sola de las áreas de la empresa, mientras que se pierde de vista el contexto de la situación, lo que no deja de ser una situación estable. Cualquier suceso insatisfactorio se atribuye al "núcleo irreductible" o se justifica con él. Por eso digo que ejerce un efecto distractor, porque su presencia atrae todas las luces sobre sí y todo lo demás queda en un cono de sombra, invisible.

Con esto quiero decir que trabajar de la manera que sugiero interpela a la familia e incomoda, desestabiliza su zona de confort.

Cuando digo que todas las familias y todas las empresas familiares tienen problemas, no quiero dejar de reconocer que la mayoría de las familias se mantienen unidas y que la mayoría de las empresas familiares funcionan. Eso quiere decir que, además de los problemas, las familias tienen recursos que habitualmente permanecen invisibles para ellas mismas.

En algún momento, ya establecido el vínculo de confianza con la familia, me propongo hacer visibles sus recursos "positivos". Una vez escuchados los reiterados relatos de sus problemas pregunto: "¿Qué es lo que anda bien?", "¿Cuáles son los momentos en que lo pasan bien juntos"? En el caso de las empresas, pregunto: "¿Qué es lo que funciona bien?" o algo así como "¿Qué creen ustedes que pasa, para que, a pesar de todos los problemas que me están contando, la empresa funcione?".

Acabo de comentar que es importante que el vínculo entre la familia y el consultor esté establecido, sobre todo la confianza, porque hay que tener mucho cuidado de que, con este tipo de intervenciones, no parezca que uno está desestimando sus problemas ni la importancia de los temas por los cuales sufren. Al contrario, permite demostrar que ellos tienen recursos propios, que les van a servir para mejorar sus asuntos.

Esto implica para el consultor un cambio de enfoque, hacia el cual puede ir acercando a la familia, pero con mucho tino, ya que todo el cuento de la familia gira alrededor del "núcleo irreductible". La situación se puede observar a través de una representación gráfica:

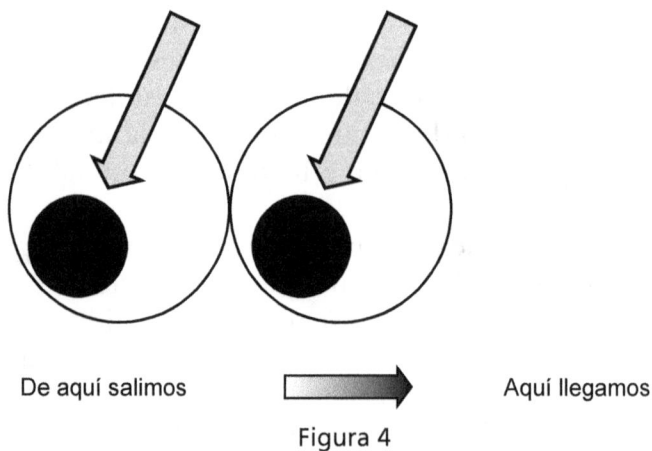

De aquí salimos → Aquí llegamos

Figura 4

En la Figura 4 se representa la vida de la familia con un círculo blanco. Dentro de ese círculo se encuentra el núcleo irreductible en negro, y el resto de las actividades de la familia (sus fortalezas, sus recursos, lo que mantiene unida a la familia, lo que permite que la empresa funcione) ocupan el área de color blanco. Las flechas grises indican la lucha "contra" el "núcleo irreductible". El resultado es que todo sigue igual, no hay progreso.

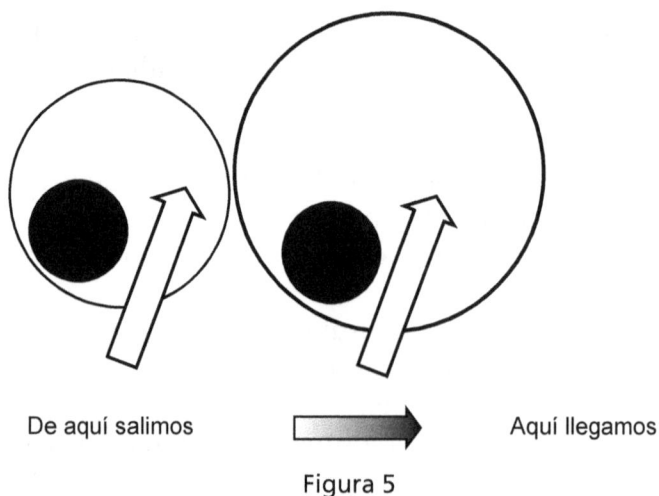

De aquí salimos → Aquí llegamos

Figura 5

En la Figura 5 se ve la misma representación, pero con un cambio en la dirección del objetivo (las flechas blancas lo indican). Ya no se trata de estar "contra" el núcleo irreductible, sino a favor de todo lo demás. El núcleo irreductible continúa, pero en el volumen total de la vida "positiva" de la familia adquiere una dimensión bastante menor y abarca un área pequeña de las experiencias familiares. En cambio, el área que permite el funcionamiento aumenta enormemente.

Mi hipótesis de trabajo, comprobada en muchos casos, es que este cambio de enfoque genera también un cambio de enfoque para la familia. Aprende a convivir con su núcleo irreductible, cuya dimensión está minimizada en la proporción de las experiencias de vida de las familias. A la vez, y por eso mismo, también pierden intensidad sus efectos negativos, ya no alimenta el desconsuelo de la misma manera que antes. Si bien sigue apareciendo, altera muchísimo menos la vida de la familia y de la empresa. Su repercusión es mucho menor y las familias pueden comenzar a contarse un cuento de sí mismas un poco diferente; aparecen más y mejores ingredientes en el "cuento".

De esta manera, sin "eliminar" el núcleo irreductible, podemos restarle poder y virulencia, por lo que sus efectos serán menores. En el campo de la medicina, podemos ver la diferencia entre atacar la enfermedad, por un lado, y aumentar las defensas y las partes sanas del organismo, por el otro.

No es una garantía de éxito, no es infalible, en algunas ocasiones fracasa y tenemos que trabajar mucho más para ayudar a las familias y buscar alternativas. Al trabajo con las familias le caben las generales de la ley: si no funciona, hay que hacer otra cosa.

4. Descentralización de la "persona problema" o del "problema"

Como en el punto anterior, acerca del núcleo irreductible, en este caso tampoco se trata de un modelo sobre familias o empresas familiares, sino de una herramienta práctica de uso en la consultoría. Si bien en el punto anterior el enfoque está emparentado con la familia que individualiza a "la persona problema" o "la preocupación empresaria problema", este enfoque es un poco diferente. La definición de núcleo irreductible depende del consultor (observador), es una propuesta del profesional. En cambio, la definición de la persona o situación problema depende de la familia y no del consultor. Es lo que la familia presenta y, en general, para aquello que pide ayuda. La fantasía de la familia es que si "arreglamos" a esta persona o este problema se solucionarán "todos nuestros problemas".

La visión sistémica nos permite tener un panorama más amplio y, si ubicamos los problemas dentro del contexto en el que suceden, nuestras posibilidades de ayuda mejoran enormemente. Si el consultor "compra" lo que la familia muestra, corre sumo riesgo de fracasar en su intento y convertirse en uno más de la dinámica familiar que sostiene el problema.

Aun así, sigue siendo la puerta de entrada que la familia nos ofrece y es por donde nos permiten ingresar para conocer su dinámica de funcionamiento, lo cual implica tener recaudos en el proceso de descentralización, para no provocar más prevenciones que las naturales de cualquier familia en consulta. Como en tantos procesos, es importante el *timing*. De todas maneras, la descentralización es una herramienta muy noble para trabajar con empresas familiares.

En estas empresas es común que se rotule negativamente la conducta de uno de sus miembros. "Es agresivo",

"Es desorganizado", "Es incumplidor" o "Tiene problemas con todo el mundo", "Nadie le puede decir nada, que reacciona mal", "Ante cualquier observación, siempre amenaza con irse" suelen ser las expresiones más comunes que uno escucha por parte de las familias. Habitualmente coincide con aquel que en el relato de los padres –por ejemplo– aparece como el que siempre ha dado más trabajo, o ha requerido más atención. El mensaje encierra esta fantasía: "Si no fuera por él/ella, todo andaría mejor". O, en el relato de los hijos, acerca de los padres o de uno de ellos: "No aceptan nada de lo que les decimos, sobre todo mi papá", "Jamás reconoce nada", "Cree que sabe todo", "No quiere aprender lo nuevo", "Hace como que escucha y después hace lo que quiere".

La rotulación explica "la causa". Por supuesto que las conductas existen y no son un invento de la familia. Lo que podemos discutir, siempre y cuando, como estoy comentando, no seamos disruptivos con las creencias de la familia sobre la atribución de qué corresponde a una "cualidad" propia de esa persona, porque en ese caso seríamos rechazados. Es un equilibrio dinámico entre cuestionar y respetar, difícil de reducir a una receta única.

La idea de focalizar en "la causa" funciona como una limitación, al momento de promover acciones para la mejoría. Desde una visión sistémica, la conducta de un miembro de la familia corresponde a la dinámica de la familia (como vimos cuando hablamos de sistemas sociales); por lo tanto, para resolver este tipo de situaciones es necesario realizar lo que algunos llaman "corrimiento", desde los problemas de uno hacia los problemas de la familia. Si los problemas surgen de la dinámica familiar, también se resuelven generando algunos cambios, a veces mínimos, en esa dinámica. Denomino a este proceso "descentralización de la persona problema", como se ilustra en la Figura 6.

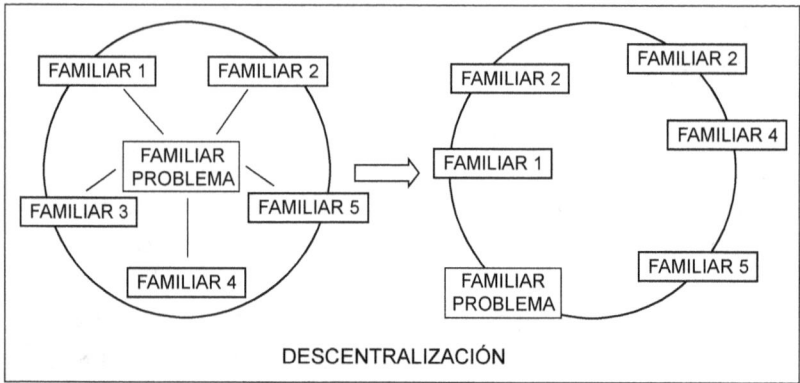

Figura 6

En síntesis, las familias que presentan una persona problema (la mayoría de las que consultan), al mismo tiempo que sufren, están acostumbradas a este tipo de funcionamiento "disfuncional"; por ese motivo, es necesario llevar adelante este proceso de descentralización con mucha paciencia, sabiendo que en todos (incluso en la persona problema) vamos a encontrarnos con algún tipo de resistencia.

Es necesario tener en cuenta que la persona problema es la "puerta de entrada" con la que la familia nos invita a ingresar en su intimidad. Por eso es necesario tener mucho tacto y *timing* para conducir este proceso.

Algo similar sucede con "el problema". Los motivos de consulta suelen ser varios, pero se dice: "Nuestro problema es este", y se refieren a un único tema que puede ir desde lo relacional ("Discutimos todo el tiempo", "Fulano y fulanito no se llevan bien", o "No pueden trabajar juntos", que uno de los padres ampare a alguno de los hijos, etc.), hasta lo organizativo: "Nos falta personal", "Sabemos lo que hay que hacer pero no tenemos tiempo", "La situación del país es muy complicada", "No encontramos gente capacitada", o sobre aspectos del negocio: "Cayeron las ventas", "Nuestro contador es muy desordenado", "No nos alcanza la plata", "Nos cuesta cobrar", etcétera.

Estos argumentos suelen ser ciertos y reales, pero no alcanzan a explicar por sí solos la disfuncionalidad de la familia o de la empresa. Del mismo modo que vimos antes, estas definiciones, al tiempo que nos abren la puerta, nos limitan las posibilidades de accionar si no ampliamos el campo de observación.

Los problemas siempre obedecen a múltiples causas, por lo que se necesita una mirada sistémica que contemple el contexto, como se ve en la Figura 7.

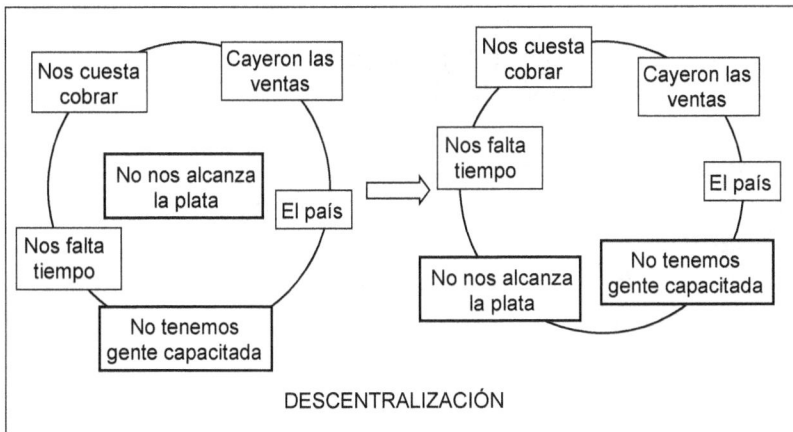

DESCENTRALIZACIÓN

Figura 7

Me apoyo en lo que dice Simon:[77]

> *Parto del supuesto de que no hay una descripción 'correcta' y 'verdadera' de la realidad, sino muchas muy diferentes, según los criterios en los que se base el observador para la selección de sus informaciones, qué distinciones y valoraciones efectúa y desde qué perspectiva, con qué interés y con qué objetivos contempla su tema.*

Cuando se amplía el campo de observación, se comprenden fenómenos que de otra manera resultarían incomprensibles. Al observar la mayor cantidad de factores que entran en juego, ya sea en la conducta de una o más personas, o en la manifestación de problemas de gestión, podemos lograr una comprensión mayor y entender cuál es el punto de apoyo, para generar mejoras.

5. Cuando me encuentro con una familia[78]

El encuentro con una familia al que me refiero tiene lugar en el ámbito de consulta, desempeñando mi función de consultor de empresas de familia.

Cuando una familia, o una parte de ella, toma la decisión de consultar, es porque tiene cierto nivel de sufrimiento, por algún –o algunos– problema/s que, según siente y cree, no puede superar con sus propios recursos.

Tenemos entonces dos circunstancias: el sufrimiento y la certeza de que "solos no podemos", cuya aceptación no es nada sencilla. Es curioso que con otro tipo de sufrimiento no dudemos en consultar a un especialista, pero, en cambio, con las cuestiones más personales o familiares, sí. ¿Por qué sucede esto? No lo sé exactamente, pero supongo que es por la dificultad que existe en mostrar la intimidad de la familia, por el sentimiento de culpa, de vergüenza ante un extraño,

---

77 Simon, Fritz B., 1994.
78 Algunas de las ideas desarrolladas en este punto están inspiradas en obras de Virginia Satir (véase Bibliografía).

por sentirse vulnerable. Este es el motivo por el cual siempre insisto en que es fundamental saber acercarse a una familia en estas circunstancias, en la importancia de la empatía, de la calidez, de la capacidad de comprensión y continencia. Muchos colegas y alumnos me preguntan cómo hago.

¿Cómo hago lo que hago?
Diagnóstico

Mi modalidad de trabajo se desarrolla por etapas que incluyen objetivos y plazos. La primera etapa consiste en una evaluación o diagnóstico que me permita entender qué está sucediendo, para poder explicárselo a la familia y proponer un plan de trabajo. Entrego un informe final por escrito, que incluye el motivo –o los motivos– por el/los que se consultó, los antecedentes de lo que sucede, la situación actual (dónde estamos parados), los posibles motivos por los cuales se llegó a la situación (no siempre es muy claro al comienzo), quiénes participaron en el proceso y cuál fue la metodología utilizada, e incluyo una propuesta de trabajo. Dependiendo de la cantidad de miembros que tenga la familia, esta primera etapa suele llevar aproximadamente unas diez horas de trabajo, con reuniones grupales e individuales, según la consulta y la familia.

No me voy a extender en el tema del diagnóstico, que fue desarrollado con extensión en una obra anterior.[79] Voy a referirme al encuentro de personas, en el que unos conforman una familia con problemas y otro es un consultor al cual han llamado para que los ayude.

Siempre recomiendo estar atentos, porque el proceso diagnóstico no es inocuo e inocente. En su transcurso se movilizan diferentes aspectos, tanto de la familia como del consultor.

---

79 Press, E., 2011.

Según Simon,[80]durante el proceso diagnóstico, el consultor es parte del mismo sistema que está observando.

> *El observador (consultor) no puede pensarse como 'alguien que está afuera' y considerar 'objetivo' su conocimiento, pues no se puede abstraer a sí mismo de su descripción de la realidad (familia empresaria)[81] y tampoco puede abstraer su propia influencia, que crea o sostiene en lo posible lo observado.*

Por este motivo, sostengo que ningún diagnóstico es inocuo, también es una etapa transformativa. Cuando el consultor, en el proceso de evaluación, pregunta, no solamente recoge información sino que genera efectos. Por lo tanto, se esperan cambios desde el primer momento del trabajo.

Las primeras conversaciones

No siempre la gente es muy clara al explicar el motivo por el cual consulta, y no siempre el motivo es coincidente entre los integrantes de la familia, ni tampoco coinciden en cuál de ellos es el más importante, aunque en general comparten una teoría de por qué les pasa lo que les pasa. Es lo que llamo "cuento oficial de la familia".

Lo que nos cuenten puede ser un discurso desagradable, muy hermoso o muy doloroso. Muchas veces mencionan a un miembro de la familia como "el problema", o se refieren así respecto de una relación, o respecto de un tema patrimonial o de gestión. Esa es la puerta que la familia nos ofrece y por allí debemos iniciar la conversación.

Escuchar con atención me permite descubrir cómo los miembros se piensan a sí mismos, puedo darme cuenta de cuál es el cuento que se cuentan, qué los hace sufrir, qué los hace vivir como viven, y qué los lleva a manejar la empresa como la manejan. El objetivo es ayudarlos (cuando

---

80 Simon, Fritz B.
81 Las palabras entre paréntesis son notas del autor.

se puede y si ellos quieren) a construir en forma conjunta un cuento un poco diferente, un nuevo relato que les permita sentirse mejor, que les dé otra mirada sobre ellos mismos, sin juzgarlos.

Como dice Simon:[82]

> En el momento en que un miembro de un sistema de interacción cambia su visión del sistema, existe la posibilidad (o el peligro) de que cambie todo el sistema.

Parafraseándolo, se puede decir que en el momento en que un miembro de un sistema social cambia su relato (puede ser el mismo consultor) sobre la historia, existe la posibilidad de que cambie todo el relato del sistema. A esto llamo "contar un cuento distinto".

Todas las familias tienen áreas que no conocen, que no han explorado ni percibido. Parto de esta afirmación. No pregunto, sé que las tienen y busco la manera de poder llegar a ellas. Se necesita paciencia y escucha atenta.

Considero que, aunque tenga problemas, la familia es la especialista en sí misma y en su empresa familiar. Nadie los conoce mejor que ellos mismos, aunque desconozcan algunas áreas.

El encuentro con la familia es un encuentro entre personas y esa es la plataforma desde la cual vamos a partir, desde ese contacto. Presto atención al modo como hablan entre sí, al modo como hablan conmigo. Veo personas que están haciendo lo que creen que es mejor, con las herramientas que tienen, con lo que han aprendido y les han enseñado. Sin juzgar, sabiendo que es lo mejor que pueden dar. Lo que no me impide comenzar a hacerme una composición de lugar acerca de cuál es la situación, a la vez que me despierta la curiosidad de comprender cómo es que han llegado hasta este punto de sufrimiento.

---

82 Simon, Fritz B.

En un primer encuentro, no me importa tanto qué dicen unos de otros, sino cómo se muestran, y busco el contacto con las personas. Este contacto es vital para establecer un vínculo de confianza. Si los miembros de la familia no ven en el consultor a alguien en quien pueden confiar, todo será muy difícil. No siempre la confianza es homogénea; en algunos puede ser mayor que en otros. Lo importante es que se puede ir construyendo en el tiempo.

Uno de los recursos para generar confianza es que miro siempre a los ojos a la persona que está hablando, me intereso genuinamente en lo que dice, trato de evitar que lo interrumpan hasta que termine de expresar su idea, cuido el espacio de cada uno. A veces lo hago explícito ("No lo interrumpan" o "Esperen que todavía no entiendo qué nos quiere decir"), otras veces lo hago simplemente con un gesto, pidiéndole al otro que espere. Siempre les digo que tenemos tiempo, que todos van a tener la oportunidad de decir lo que piensan y expresar sus puntos de vista.

Esto es muy importante, es común en una reunión de familia (y en los grupos en general) que después de que alguno haya expresado una idea, otro de los que le siguen diga algo así como: "Pienso lo mismo que él (en referencia al que habló anteriormente)". En esos casos pido que lo digan con sus propias palabras, me importa que se escuchen decir lo que piensan y que los otros lo escuchen, así se genera un mayor compromiso con la situación de consulta.

Si no entiendo qué me quiere decir una persona, hago preguntas hasta que todos tengamos claro lo que nos quiere decir, les pido que me ayuden a entender. La escucha y saber hacer preguntas son las herramientas más importantes para un consultor en los primeros encuentros.

Desaliento los climas de tensión que muchas veces se instalan en los diálogos de las familias y busco la manera de disminuirlos. Creo que nadie puede pensar razonablemente en un clima de tensión. Además, seguramente es lo que ellos siempre hacen sin la presencia de un consultor. Si permito que el tiempo de la reunión se ocupe con las mismas discusiones que habitualmente tienen, no habrá aprendizaje de nuevos modos de conversación. Puede ser que haya colegas que toleren mejor los climas de tensión, aunque más allá de la propia tolerancia, creo que permitir la alta tensión no ayuda a la propia familia.

Al inducir un descenso en el clima de tensión, de un modo indirecto también estoy mostrando que el despliegue de tensiones se puede controlar. Es cierto que en principio será debido a mis intervenciones, pero no menos cierto es que los que se controlarán son ellos y será una experiencia de aprendizaje ("¡Podemos controlarnos!"). Recuerdo el caso de un padre que me contó que, en una reunión con sus hijos en la cual se había elevado la tensión, les dijo: "Vamos a hacer como si estuviera Press"... y pudieron continuar la reunión en un tono más amable.

Tiempo

Suelo organizar mis visitas de modo de tener un tiempo holgado, para que durante la reunión pueda comprender qué sucede. Les doy tiempo a las personas para que se explayen. Con tiempo, se van soltando y, si todo va bien, avanzada la reunión aparecen temas o se muestran aspectos que, de otro modo, habrían aparecido más adelante en el tiempo. Habitualmente, las cosas importantes y más sentidas aparecen después de la primera hora de reunión.

Aun con estas consideraciones, estimo que tres horas son el límite máximo, ya que más allá de este tiempo, la atención se desvanece y comienzan a repetirse los temas. Conviene abandonar las cosas allí, dejar que todo lo conversado decante y establecer un nuevo encuentro. En mi experiencia, las mentes, tanto de la familia como la mía, funcionan de manera diferente en un segundo encuentro.

Lugar

En general, realizo las reuniones en la propia empresa. La presencia en el lugar donde la familia trabaja y pasa muchas horas tiene varias ventajas y algunas desventajas.

La ventaja de visitar el lugar donde la gente trabaja es que nos da mucha información, si se es un buen observador. Miro todo, desde el momento que llego: el aspecto (decoración, limpieza, etc.), la recepción, la circulación hasta llegar al lugar propiamente dicho en el cual se realizará la reunión. Es interesante ver y "vivir" el ambiente en el cual transcurre el día a día del trabajo de la familia que consulta.

Poder ver el espacio físico también nos da mucha información, ya no solo por su aspecto: nos permite conocer la distribución espacial del lugar, superficies, distribución de los escritorios, quiénes están cerca de quiénes. Nos da información sobre el nivel de privacidad. Quién escucha las conversaciones telefónicas de quién, quién está presente en las reuniones de quién.

Es enorme la cantidad de veces que me cuentan que se "arman" discusiones por haber escuchado una conversación con terceros y no gustó la forma en que se habló, etc. Son situaciones que no tienen por qué suceder y habitualmente son fuente de conflictos.

Al indicar modificaciones al respecto, las primeras respuestas suelen ser excusas de por qué no se puede hacer, si uno insiste, finalmente siempre aparece una alternativa que antes no se había pensado. Es notable cómo mejora el clima de una relación simplemente con cambiar el lugar de un escritorio, separar una oficina de otra, sugerir que algunas personas no compartan la misma oficina.

También le presto atención al modo como soy recibido en el sector de recepción que la mayoría de las empresas tienen, a la demora en dar aviso de mi presencia. Esto me da una pauta de cómo van las cosas. Si me reciben con amabilidad, si el aviso de mi presencia es inmediato y la espera mínima, o si me habilitan el paso sin avisar, para mí es una pauta de que las cosas van bien.

¿Por qué?

Porque, si bien la familia no anuncia que está actuando un consultor, la gente se da cuenta. Un profesional que concurre periódicamente, que se reúne por un tiempo prolongado con los dueños, obviamente da a entender que estos se están ocupando de sí mismos. Si la situación mejora, más temprano que tarde, esa mejora se traslada imperceptiblemente al clima laboral del conjunto, sobre todo en las pymes. La mejora se traslada, del mismo modo que el nivel de conflictividad en la familia influye negativamente en el resto de la gente que trabaja en la empresa. Observar "en vivo y en directo" la dinámica de funcionamiento es muy ventajoso, uno es un testigo privilegiado.

En algunas ocasiones, principalmente cuando viajo lejos de mi ciudad, trabajo un día entero con una familia. Las reuniones se realizan en la casa familiar, lo cual a veces trae un beneficio extra: "Hacía mucho que no nos reuníamos todos en casa", suelen comentar.

Las desventajas son pocas. Por ejemplo, la incomodidad de los traslados –porque uno abandona el confort de su propia oficina, dejar de "jugar de local", el tiempo que lleva ir de un lugar a otro–. Otra de las desventajas son las interrupciones. No es un dato menor observar la disposición de la familia para cuidar el espacio de la consulta. Las desventajas también son información.

Contacto físico

Muchas veces es inevitable que, en el desarrollo de una consulta con una familia o a solas con alguno de sus miembros, se expresen las emociones de forma evidente, fundamentalmente a través del llanto. Cuando sucede en el marco de una reunión familiar, estoy atento a la reacción de los otros integrantes de la familia; si alguno se acerca, quién lo hace. Otras veces intervengo en forma personal, y no siempre en esas ocasiones es necesario hablar. Tocar al otro, siempre y cuando sea de una manera cordial y no invasiva, emite un mensaje de empatía que va más allá de las palabras. Una mano en el hombro, un abrazo, son mensajes muy fuertes en el camino de establecer confianza. No nos olvidemos de que la gente se abre y se muestra cuando siente la confianza de que será comprendida y contenida. Otras veces le pido a quien llora que, aunque llore, siga hablando, que no se detenga. Ambas maneras permiten continuar con el desarrollo de la consulta sin rechazar la emoción.

Cierre de los encuentros

Nunca termino una reunión sin que cada uno de los presentes haya expresado su punto de vista sobre los temas acerca de los cuales se conversó. Pregunto si quedó algo sin decir, si alguno quiere decir algo sobre lo que no se haya conversado o sobre lo que no haya preguntado. En general, cierro con una síntesis de lo conversado mostrando, cuando sucede, el progreso de la situación.

Sobre atribuciones e interpretaciones

Repasando lo que vimos en el capítulo sobre comunicación, es común que, en las reuniones con la familia, cuando un miembro habla y hace alguna afirmación, otro se sienta aludido e interrumpa rápidamente afirmando algo como: "Vos decís eso porque pensás que yo no me esforcé para conseguirlo".

Asocio este tipo de afirmaciones que atribuyen un sentido descalificador a las expresiones de otra persona, a la adivinación del pensamiento; es decir, uno atribuye al otro un sentido, sin saber si es así o no. En estas situaciones, intervengo preguntándole al segundo cómo sabe que –por ejemplo, su hermano– quiso decir lo que se le atribuye. En general, las respuestas son vagas suposiciones. Entonces sugiero que, ya que lo tiene ahí presente, cambie la afirmación por una pregunta. Por ejemplo, "¿Vos creés que no hice el esfuerzo suficiente?".

Parece lo mismo pero no lo es. El primero puede confirmar o no lo atribuido, pero ya será otro el tipo de conversación. Se abre una puerta no sabemos hacia dónde. Si se confirma aquello que fue atribuido, podemos preguntar en qué se basa para hacer esa afirmación; también puede no confirmarse, pero, de una manera u otra, todo seguirá en otro escenario.

En mi experiencia, tanto las atribuciones como la falta de preguntas, o dar por sentados supuestos que no sabemos si son ciertos, crean, desde la comunicación, infinidad de situaciones conflictivas. Durante la consulta, suelo prestar atención a este tipo de intervenciones para desarmarlas, con el doble objetivo de impedir una escalada de tensión, por un lado, y ejercitar nuevas formas de comunicarse, por el otro.

Es cierto que también, en algunas familias, es costumbre dar a entender algo, en lugar de decirlo en forma directa, lo que da lugar a las interpretaciones y las atribuciones. Cuando pregunto por el porqué de esta costumbre, en general me responden que es para evitar pelear y para no generar conflictos. Justamente, las peleas y los conflictos surgen por conversar de esa manera, queriendo decir, en lugar de decir, y atribuyendo sentidos e interpretando, en lugar de preguntar.

Del mismo modo, cuando las conversaciones transitan entre acusaciones, juicios de valor y culpas, los temas importantes quedan relegados. Es enorme la cantidad de tiempo y de energía que se pierde en ese tipo de discusiones ("Vos empezaste"; "No, fuiste vos"; "Es por culpa tuya"; "No sabés lo que decís"; "Vos no lo hiciste a tiempo"; "Sí lo hice").

Nadie hace esto por maldad, quizás sí por torpeza social, o porque están acostumbrados y nadie les mostró una forma diferente. Según mi experiencia, resulta útil considerarlos hábitos de conversación. De a poco, sugiriendo que se hagan preguntas y se digan las cosas con claridad, se pueden ir modificando, dando lugar a nuevos hábitos de conversación.

Los objetivos

Los objetivos iniciales son: construir un vínculo de confianza, escuchar a todos y cada uno de los que participan en la reunión, ayudarlos a que se escuchen entre ellos y a sí mismos, ayudar a la familia a definir cuáles son los objetivos de la consulta, conocer qué es lo que ellos esperan, y que los miembros de la familia puedan tener claro qué pueden esperar del consultor, comprender qué pasa y recuperar la fe en sí mismos.

Nadie conoce tanto a la familia y a la empresa como ellos mismos; estoy convencido de que muchas de las respuestas a sus preguntas las tienen ellos, pero no son visibles a sus ojos, y que no tienen mejores especialistas, ni en su propia familia ni en su propia empresa, que ellos mismos, como lo comenté antes. Cada encuentro con una familia es una experiencia única de contacto humano. Abre alguna ventana nueva.

Finalmente

En el mejor de los casos, todo lo anterior tiene buenos resultados. No siempre las cosas salen bien ni como uno lo espera; no siempre el estilo del consultor y el de la familia entran en sintonía; no siempre uno acierta con lo que la familia espera, no todos los recursos son exitosos con todas las familias. Es un desafío para los consultores. En mi caso, si se da la oportunidad, tomo nota, aprendo y exploro alternativas.

Palabras finales

Llegamos al final del libro; puede ser el final o la puerta de un nuevo comienzo.

Como dije en otra oportunidad, todas las familias y todas las empresas tienen problemas. Depende de su magnitud y de la capacidad de la familia que los problemas sean una traba para el desarrollo o un estímulo para mejorar y crecer.

Habitualmente, los consultores estamos en contacto con familias que tienen problemas que no pueden superar con sus propios recursos, o que creen que no tienen los recursos, o que desconocen que los tienen. Por lo tanto, es esperable que tengamos una visión sesgada de las circunstancias en las que viven los miles de familias que gestionan sus propias empresas.

Con más o menos esfuerzo, con más o menos sufrimiento, mal que bien las empresas familiares funcionan, siguen siendo el soporte de la economía de muchos países y dan trabajo genuino a millones de personas en el mundo.

No confíen ciegamente en la opinión de los especialistas, sobre todo cuando hacen predicciones sobre lo que va a suceder si se hace tal cosa o si se deja de hacer otra. "Es mucho más fácil explicar lo que ocurrió, pero ser expertos en el pasado no nos permite predecir con certeza el futuro."[83]

---

83 Una interesante reflexión sobre el lugar de los expertos es la que realiza el investigador Philip Tetlock, citado por Kahneman, *op. cit.*

185

De todos modos, esta afirmación no es para desmerecernos; seguimos siendo necesarios, aunque debemos aceptar que no somos infalibles. Del mismo modo, debemos comprender que los miembros de las familias a las que ayudamos tampoco son infalibles, y pueden cometer errores y equivocarse.

No podemos dejar de lado la incertidumbre, el azar y la imposibilidad de predecir el futuro. Debemos reconocer con humildad que podemos ser expertos en empresas familiares, pero que los mejores expertos en sí mismos son las propias familias. Nadie conoce mejor que ellos lo que sucede en la familia y en la empresa... aunque no acierten en cómo resolver sus problemas.

> *Un noble de la antigua China preguntó a su médico, que pertenecía a una familia de sanadores, cuál de ellos era el mejor en el arte de curar.*
>
> *El médico, cuya reputación era tal que su nombre llegó a convertirse en sinónimo de "ciencia médica" en China, respondió: "Mi hermano mayor puede ver el espíritu de la enfermedad y eliminarlo antes de que cobre forma, de manera que su reputación no alcanza más allá de la puerta de la casa.*
>
> *"El segundo de mis hermanos cura la enfermedad cuando ya es extremadamente grave, así que su nombre no es conocido más allá del vecindario.*
>
> *"En cuanto a mí, perforo venas, receto pociones, y hago masajes de piel, de manera que, de vez en cuando, mi nombre llega a oídos de los nobles."* [84]

Perteneciendo a mundos tan diferentes, en la vida cotidiana, como en la vieja historia china, el arte de la consultoría y el arte de la guerra nos permiten explorar coincidencias, ya que ambas artes requieren una estrategia para afrontar aspectos disfuncionales y, para ambas, el conocimiento del problema es la clave de la solución.

---

[84] Sun Tzu, 1993.

Para Sun Tzu, la eficiencia máxima del conocimiento y de la estrategia consiste en que intervenir sea totalmente innecesario. La eficiencia de desarmar problemas antes de que sucedan, si bien es la mejor respuesta, es también la menos vistosa (como en el relato). Evitar que algo ocurra es una acción que no se ve. Se trata de conseguir más, haciendo menos. Esto ataca un poco la vanidad de los consultores.

Y finalmente, sobre los emprendedores, comparto las palabras de Nassim Taleb:[85]

El heroísmo, y el respeto que inspira, es un medio por el que la sociedad compensa a quienes se arriesgan por los demás. Y el espíritu emprendedor es una actividad heroica y arriesgada necesaria para el crecimiento de la economía y hasta para su supervivencia.

Incluso, en uno de sus capítulos concluye diciendo:

Mi sueño es que celebremos cada año un Día del Emprendedor con el siguiente mensaje:
La mayoría de vosotros fracasaréis, seréis poco respetados, os empobreceréis, pero os agradecemos los riesgos que habéis corrido y los sacrificios que habéis hecho por el crecimiento económico del planeta y por librar a los demás de la pobreza. Os debemos nuestra antifragilidad. Y el país os agradece.

---

85 Taleb, N., *op. cit.*

Bibliografía

Antognolli, S., "Empresas Familiares. Buenas Prácticas en Argentina". Recuperado de https://repositorio.uesiglo21.edu.ar/bitstream/handle/ues21/13064/Empresas%20familiares%20%3A%20buenas%20pr%C3%A1cticas%20en%20Argentina?sequence=1&isAllowed=y

Barret, J. (1998). "The Family Business Leadership Handbook". Recuperado de http://www.newsmaker4.com.ar/clientes/empresafamiliar/empresafamiliar/web/ver_nota.php?id_noticia=121582&id_edicion=8018&news=123&cli=97&accion=ampliar.

Bateson, G. (1976), *Pasos hacia una ecología de la mente*, Buenos Aires, Ediciones Carlos Lohlé.

Bazerman, M. (1993), *La negociación racional en un mundo irracional*, Buenos Aires, Paidós.

De Pree, M. (1993), *El liderazgo es un arte*, Buenos Aires, Javier Vergara Editor.

Kelin, E.; Gersick, I.; Desjardins, M. y Dunn, B. (1999), "Etapas y transiciones: Gestión del cambio en la empresa familiar", *Clásicos de FBR en español*, Copyright Family Firm Institute, Recuperado de http://c.ymcdn.com/sites/www.ffi.org/resource/resmgr/best_of_fbr_spanish/fbresp_gersick_etapasytransc.pdf

Gersick, I., Kelin, E.; Davis, J.; Mc Collom Hampton, M. y Lansberg, I. (1997), *Empresas familiares. Generación a generación*. México, Mc Graw-Hill Interamericana.

Gómez Betancourt, G. (2017), *Secretos que rompen la unidad y armonía de las familias empresarias*. Recuperado de http://www.grandespymes.com.ar/2017/01/17/secretos-que-rompen-la-unidad-y-armonia-de-las-familias-empresarias/

Harari, Y. (2015), *De animales a dioses*, Buenos Aires, Editorial Debate.

Kahneman, D. (2012), *Pensar rápido, pensar despacio*, Buenos Aires, Ediciones Debate.

Luna Rivara, C. (2016), *Conflictos en la empresa familiar.* Recuperado de http://www.grandespymes.com.ar/2016/12/27/conflictos-en-la-empresa-familiar/Maturana

Morin, E. (1994), "La complejidad y la empresa". En: *Introducción al pensamiento complejo.* Barcelona, Editorial Gedisa.

Maturana, H. (1996), "Biología del fenómeno social". En: *Desde la biología a la Psicología.* Santiago de Chile, Editorial Universitaria.

McClelland, D. y otros (1976), *The achievement motive,* New York, Irvington Publishers.

Minuchin, S. (1977), *Familias y Terapia Familiar,* Barcelona, Gedisa.

Olson, D.; Sprenkle, D. y Russell, C. (1979), "Circumplex model of marital and family systems: I. Cohesion and adaptability dimensions family types and clinical applications", *Family Process 18,* 3-28 pp.

Ortega Giménez, A., "Las empresas familiares, el cambio organizacional y la vida de los gansos". Recuperado de http://www.lasprovincias.es/valencia/20090329/euros/empresas-familiares-cambio-organizacional-20090329.html

Press, E. (1994), "Los cuentos de la historia, hacia una nueva manera de mirar". En: *Sistemas Familiares.* Buenos Aires, año 10, *2.*

——, (1997), "Las cosas del poder y la autoridad", *Cronista Management 49,* Buenos Aires, republicado en https://www.gestiopolis.com/gestion-poder-autoridad/

—— (2005), *Psicología de las Organizaciones,* Buenos Aires Ediciones Macchi.

—— (2011), *Empresas de familia,* Buenos Aires, Ediciones Granica.

—— (2015), *Emociones en empresas de familia,* Buenos Aires, Ediciones Granica.

Rizo Rivas, M. (2013), *La figura del líder en las empresas familiares.* Recuperado de https://www.forbes.com.mx/la-figuradel-lider-en-las-empresas-familiares/

Rodríguez M. D. (2001), *Gestión Organizacional,* Santiago de Chile, Ediciones Universidad Católica de Chile.

Satir, V. (1978), *Relaciones Humanas en el núcleo familiar.* México: Editorial Pax.

Sluzki, C. (1985), "Terapia familiar como construcción de realidades alternativas". *Sistemas Familiares.* Buenos Aires, año 1, *1.*

Sun Tzu (1993), *El arte de la guerra* (versión de Thomas Cleary), Madrid, Editorial Edaf.

Taleb, N. (2013), *Antifrágil,* Buenos Aires, Paidós.

Tàpies, J. (2017), "Variables que influyen en el éxito del coliderazgo". Recuperado de http://blog.iese.edu/empresafamiliar/2017/coliderazgo-2/

—————— (2017), "¿El coliderazgo puede funcionar en mi empresa?" Recuperado de http://blog.iese.edu/empresafamiliar/2017/coliderazgo-1/

—————— (2016), "¿Quiere revitalizar su empresa familiar? ¡Aproveche el conflicto!". Recuperado de http://blog.iese.edu/empresafamiliar/2016/conflicto-1/

—————— (2016), "Poder, status, dinero y trabajo: principales causas del conflicto en la empresa familiar". Recuperado de http://blog.iese.edu/empresafamiliar/2016/conflicto-2/

Ury, W. y Fisher, R. (1985), *¡Sí..., de acuerdo! Cómo negociar sin ceder*, Bogotá, Norma.

Von Moos, A. (2006), *Diriger une entreprise familiale avec succès*, Lausanne, Editions Payot.

Watzlawick, P.; Beavin, J. y Jackson, Don D. (1976), *Teoría de la comunicación humana*, Buenos Aires, Tiempo Contemporáneo.

Watzlawick, P. (1976), *Cambio*, Herder, Barcelona.

Watzlawick P. y Krieg P. (comps.). Simon, Fritz B. (1994), "Perspectiva interior y exterior. Cómo se puede utilizar el pensamiento sistémico en la vida cotidiana". *El ojo del observador*. Gedisa, Barcelona.

www.ingramcontent.com/pod-product-compliance
Lightning Source LLC
Chambersburg PA
CBHW060024210326
41520CB00009B/986